湛庐文化
CheersPublishing

a mindstyle business
与 思 想 有 关

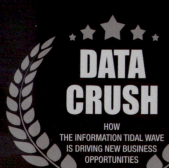

DATA CRUSH

HOW
THE INFORMATION TIDAL WAVE
IS DRIVING NEW BUSINESS
OPPORTUNITIES

CHRISTOPHER SURDAK

克里斯托弗·苏达克

商业数据系统与业务模式的设计者和创新者

DATA CRUSH

从火箭系统工程师到数据科学家

克里斯托弗本科就读于宾夕法尼亚州立大学，主修机械工程学，1992 年毕业后，进入世界最大的国防工业承包商、世界级军火"巨头"洛克希德·马丁空间系统公司总部，担任空间系统工程师和火箭专家。工作伊始，他并没有打算去上研究生。两年时间转瞬即逝，1994 年，一个偶然的机会之门向他打开：他的上司想要去宾夕法尼亚大学沃顿商学院攻读高级技术管理学的硕士，并鼓励他一起去。

在攻读硕士学位期间，克里斯托弗主要研究工业技术的应用以及用数据量化数字卫星电视市场的发展状况，并作出预测。这些信息技术和策略不仅帮助洛克希德·马丁空间系统公司在这一领域的预测创新拓宽了市场，而且为他之后成为业界公认的数据科学家打下了坚实基础。在攻读硕士学位期间，克里斯托弗还获得了摩尔奖学金。

2008 年，克里斯托弗又攻读了美国维拉诺瓦大学信息安全学硕士。2009—2014 年，他又于美国塔夫脱大学攻读了法学学士。

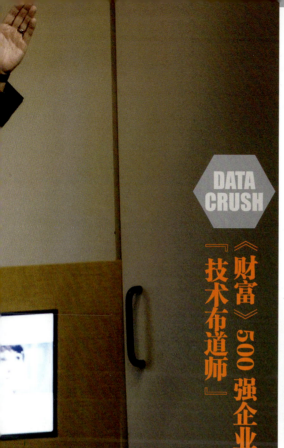

《财富》500 强企业
「技术布道师」

19 95 年，克里斯托弗离开洛克希德·马丁空间系统公司，先后于 BDM 信息技术公司和玛氏糖果公司担任高级战略顾问，之后又在埃森哲、西门子、戴尔公司和花旗银行等领先企业担任高级战略顾问和技术架构师。1997 年，克里斯托弗出任花旗银行 IT 业务部副总裁，两年后，他离开花旗开始创业，创办了 Semeru Solutions AKA Edaptable 公司。2000 年，他接到 eFORCE Global 公司的邀请，任战略高级总监一职。时隔 3 年，他转而投向戴尔集团，并在解决方案架构师的职位上作出了巨大贡献。2005—2006 年，他在 Applied Computer Solutions 公司任专业服务副总裁一职。从 2006 年开始，他在西门子公司做了 4 年多的解决方案总监，并于 2011 年加入埃森哲，任高级经理和技术架构师。

20 多年来，作为《财富》500 强企业的"技术布道师"，克里斯托弗旨在帮助企业设计和实施企业级信息管理系统，以应对 Web2.0 时代带来的挑战。他既是美国、日本、新加坡、韩国等发达国家的战略专家，又是美国商务部和美国纽约州、科罗拉多州、犹他州、洛杉矶市的"高级智囊"，还是世界银行、国际货币基金组织、摩根士丹利、花旗银行等组织和金融巨头的领先顾问，更是国际知名跨国公司百事可乐、三星、沃尔玛、西门子、UPS、福特、赛诺菲集团、全美互惠保险公司、约翰·迪尔公司、霍尼韦尔公司、默克公司等的高级咨询师。

时至今日，克里斯托弗俨然已经成了信息管理、分析、隐私政策、社会化媒体以及电子化搜寻方面的全球专家和集大成者。

DATA
CRUSH

商业大数据践行者

克里斯托弗是商业大数据领域公认的专家，在内容管理、大数据、信息安全、法律法规以及云计算方面有着丰富的实践经验。

多年来，克里斯托弗一直致力于帮助企业利用大数据应对商业挑战。他意识到，传统的ERP系统已经不再适用于企业今日要应对的数据巨浪，新的商业范式已经成型。在此基础上，克里斯托弗构建起了场景化、社交化、量化、应用化、云化和物联网化等6个大数据成熟度模型，并认为，这一数据新常态将引领企业在海量数据中获得重生。

就像 getAbstract 国际图书奖委员会对他评价的那样："对于商业人士来说，克里斯托弗的观点一方面可以帮助企业一窥商业的大未来，而另一方面，对于想要保持商业旧范式的人来说，则是一声令其觉醒的警钟。"

作者演讲洽谈，请联系
speech@cheerspublishing.com

加入湛庐读者俱乐部庐客汇，请联系
look@cheerspublishing.com

更多相关资讯，请关注

湛庐文化微信订阅号　　　　　庐客汇，思想与人的联结。

D A T A   C R U S H

DATA

How the
Information Tidal Wave Is Driving
New Business Opportunities

数据新常态

如何赢得指数级增长的先机

［美］克里斯托弗·苏达克（Christopher Surdak）◎著

余莉◎译

CRUSH

浙江人民出版社
ZHEJIANG PEOPLE'S PUBLISHING HOUSE

想知道有多少人正在与你同读这类书吗?

想知道这些同好都身在何处吗?

......

扫描二维码,获新知,觅知音。

关注"庐客汇",回复"数据新常态",
获取不一样的惊喜!

数据新常态，商业大未来

2008年，我第一次来到中国，与妻子在北京和上海待了10天。早前两年，我姐夫在当时的新首都国际机场担任高级工程师，姐姐便在北京附近居住。2008年我去北京正赶上机场完工，也是北京举办2008年夏季奥运会的前夕。

在北京，我们参观了不少历史古迹，如颐和园、长城和故宫，去了天安门广场，又穿插着游览了一些新式建筑，如鸟巢、水立方和新航站楼。上海之行让我们更深刻地体会到了中国的过去和未来之间这种戏剧性的二元分裂。我们漫步于上海外滩，徜徉于豫园，向远眺望，隐约可见明珠塔、上海世贸大厦矗立在浦东新区黄浦江畔。

一股变革的暗流正在涌动

2008年的那次旅行，让我始终感觉自己被一股由活力、希望、内驱力组合成的暗流推动着，那是一股变革的暗流。在此之前，我只有过几次这样的体会。第一次是在我初出大学之时，赶上"火星观察者"号探测器发射，作为一名火箭系统的工程师，我对此满心支持。第二次是在1999—2000年互联网泡沫出现时，我创办了自己的公司。第三次是在2002年的一次华沙之行，当时波兰刚从外部力量主导国内政治长达几个世纪的阴霾中走了出来，正经历着奇迹般的复兴。每次这样的经历，我仿佛都听到耳边充斥着嗡嗡、唑唑的声响，感觉有一种精神渗透我的思想和灵魂，让我充满能量，让那些平常没有受到注意的欲望得到给养。

每有这样的经历，我都为人性挣脱束缚，获得解放和被迫开拓创新所达到的高度而感到震撼。我们是流浪者、是移民、是探险者。我们一直在这个星球上四处游荡，探索新环境，寻求新体验、新思想，算起来至少有两万年的历史了，而且根据最近的一些记录显示，这段时间更长达10万年。我们的这种"旅行癖"深深植根于灵魂之中。有鉴于此，许多人只会在发现和体验到新事物的时候才会感到真正的快乐，也就不足为怪了。

商业新范式已经形成

我们今天生活的社会总在不断变化，且变化的速度也越来越快。这种改变渗透到了我们日常生活的方方面面，并不断侵蚀着我们视为理所当然的观念、信仰、结构以及经验。最让人惊奇的并不是这些变化来得如此之快，而是所有人所表现出来的轻松自在，甚至是非常欢迎。

现代社会已经关注全球化、质量、信息技术以及连通性长达50年之久，这些努力取得了一些出人意料的成果，而下述内容就是这些努力造成的一些主要影响。

◎ **质量**。消费者总是要求完美，认为差之毫厘，就失之千里——对于有任何瑕疵的产品或服务，他们会迅速抛弃，然后选择其他产品或服务。

◎ **无处不在**。得益于全球化和准时制物流，人们可以随时随地获得几乎一切物品，因此，对大多数企业来说，做不到无处不在就不被消费者接受。

◎ **即时性**。全球化、物流和智能手机 App 也创造了需求得到即时满足的期许。消费者希望，如果你无法通过预测他们的需求或提前满足他们的需求，那起码要做到即时满足他们的需求。

◎ **脱离**。过去，人们习惯自己先找到问题的解决方案，然后，在维持一定控制权的情况下，将特定的工作外包出去。以后，情况会有所不同——消费者在乎的只有结果，至于结果怎么得来，他们会越来越不关心。

◎ **亲密感**。随着消费者越来越不关心他们获得产品和服务的方法，他们会越来越渴求其他形式的联系。因为，当人们的需求越来越容易得到满足时，感觉自己是某个团体的一员会变得越来越重要。

◎ **目标**。最终，上述这些趋势会让很多人有一种漂泊感，因此，他们会渴求一种目标感，并急于寻找存在的理由和能激发自己热情的事物。任何能够满足人们这种对目标的需求的企业，都会对这类人产生重要影响。

总之，这6大发展趋势也将成为商业新世界的基础，这些数据与商业世界的"新常态"是所有人在这个自己一手创建出的新世界里生活的新方式。

不断增速的变化也是数据新常态的一部分。当一个新的App或新的电子产品推向市场，我们既会立刻接受它，也会迅速厌倦它。新智能手机在发售的第一天就能实现数百万台的销量，同样，新的App在风靡的时候，照样可能实现单日数百万的销售量。似乎是我们所处的技术驱动型社会激发了我们内心深处对发现和改变的渴望，并且我们受到高度刺激，这种渴望进入了一种既疯狂又活跃的状态。总之，我们对求新求变的渴望并未被填满，反而与日俱增。

如今，许多人都沉迷于智能手机和社交网络。这种沉迷现象毫不奇怪，因为他们从使用智能手机和社交网络中得到了快乐。互联网公司早已看清，人们对发现和新奇事物嗜好成瘾，而这种嗜好直接催生出了人们对不间断互联的渴望、随时娱乐的欲望，以及期待立即得到满足、不断获得刺激的心理；于是，它们用尽一切可行的手段来满足这些需求。

这场革命给希望参与其中的企业带来了机会和挑战。在一个崇尚变化高于一切的世界中，企业要如何保持信息、品牌和价值定位始终如一呢？几乎可以肯定的是，答案就在数据和分析上。

自从进入计算机时代以来，数据分析已经成为公司业绩的一个关键驱动力。信息的实用性让公司的业绩得到不断提升并更好地满足受众的需求。正如杠杆、滑轮和车轮增强了人类肢体的能力，数据和分析提升了人类思维的能力。源自数据与分析的新见解和知识的应用将成为未来数十年经济增长和实力的基础，唯有那些适应这种根本变革的企业，才有可能经受住它所造成的破坏，并生存下来。

未来的世界是数据的世界

这不禁让我又想到了中国和它未来的发展壮大。中国过去30年的发展大多得益于其经济和人口的工业化。简单的供需经济原理和劳动套利，让中国在短时间内以惊人的速度赶上了西方世界科学技术和社会发展的步伐。中国的经济奇迹由此诞生，并得以跻身全球经济排名的前列。

然而，中国工业化和经济现代化的大部分价值已经被开采完了。为了保持持续增长的势头，中国的企业必须改变其运营方式、价值定位和企业战略。中国企业必须抛弃过去利用低廉的劳动力和原材料生产西方设计的产品,从中赚取微薄的利润的旧模式,现在就开始培育14亿人的知识财富,发明自己的专利技术。

人类历史上最重要的一些发明就是出自古代中国,包括丝绸、纸、火药、印刷术、纸钞等。甚至在过去4 000多年里,中国也一直都引领着人类科学技术的发展。可惜,明朝的灭亡让这种创新和探索的环境遭到毁灭,让中国的发展停滞了将近400年。郑和船队的终结代表的不仅仅是探索能力的丧失,也断绝了探索的意愿和欲望。

为了保持自己的优势,中国必须重新找回探索和了解这个世界的欲望。中国必须拥抱技术带来的改变,开始定义世界的新常态,而不仅仅是迎合别人提出的新常态。长城、大运河和过去50年的经济增长奇迹都是中国人发挥人力优势所创造的骄人成果,而中国利用数据、分析和人民智慧的能力将决定它能否在今后50年延续之前的成功。

如果成功,中国能够再次引领人类科学技术的发展。我本人相信中国能够取得成功,也热切想要看看中国在重新解读时间、医学、战争、科学和农业的概念之后,还能为世界带来什么。

克里斯托弗·苏达克

于洛杉矶

大数据，一切有效商业决策的基础

AIIM 主席兼 CEO

约翰·曼奇尼（John Mancini）

作为美国信息和图像管理协会（AIIM）的主席兼 CEO，我每天都有机会与上千位信息管理专家交流。对于那些奋斗在信息管理前线的 10 万多名员工来说，AIIM 就是他们的重要资源。

在任职期间，我曾与克里斯托弗·苏达克有过数年的合作，我们还合著了一本有关社会化媒体和协作管理的电子书。在交流的过程中我发现，苏达克在管理数据和信息方面有着非常丰富的经验，而且对其极具掌控力。

许多新的市场力量正在给我们的世界带来天翻地覆的变化，其中包括移动性、云计算、社会化媒体和数字商业。**每一股力量都能极大地促进数据的增长和商业的变革，然而只有它们之间的相互依赖和共同反馈才能真正改变商业环境。它们合力引发的变革将会影响全球商业的方方面面。**

不管是公司还是个人，都会受到这些商业变革的影响。因此，看清楚新的商业环境，弄清自身所处的位置变得非常重要。首先要意识到，你的公司现在仍处于一个充斥着数码产品及其产生的大量数据的世界，然后就是要找出新的方法，让你的公司在这场变革中发展壮大。

在这本书中，苏达克向我们描绘了与我们紧密相连且高度数字化世界的蓝图，并告诉我们要做些什么，才能为应对未来的竞争做好充分准备。苏达克还在书中指出，在世界变得更加紧密、复杂的背景下，数据是如何成为商业货币和一切有效商业决策的基础的。

多年来，很多公司都对资金管理、金融资产有了自己的诸多管理体系和策略；它们通常会有专门的员工管理体系来管理人力资源；而且，它们还会用 ERP 系统来管理实物资产。可是，很少有公司会拥有专门的体系和策略来管理自己在数字时代最重要的资产——信息资产。然而，正是这些信息资产决定着企业在商战中的成败。在这场"战斗"中，企业面对的是深受数字化影响而关注焦点不再集中于某一家公司的消费者。

我相信，读完这本书后，你会觉得它颇具趣味性，更具实用性。对此，我就有所体会。而且，苏达克书中提出的建议可以减少数据超负荷对企业的不利影响——救你于杂乱数据的"水火"之中，并帮助你学会如何驾驭这些数据！

指数级增长下的数据大爆发

作为一名技术顾问，我总是在追随最新、最伟大的科技和趋势的步伐。在过去 10 年中，我意识到，在科技和互联网领域，有一股暗流正在涌动，这股力量既是新科技的促成者，又是科技进步的潜在障碍，它就是数据增长。

如果你是众多"已被连接者"中的一员，那么可能你每天做的第一件正事就是登录电子邮箱。你每天都会费力地翻阅几十封邮件，试着找出哪些邮件值得关注，而哪些应该删除。或许你已经注意到了，过去几年中，你每天收到的邮件数量都在缓慢而平稳地增加。你或许还注意到，从这些邮件的内容来看，有些第三方平台似乎非常了解你的喜好，比如想买什么东西、想在哪儿吃饭，等等。

如果你的工作与信息技术有关，那你或许还会更进一步发现，你越来越多的工作内容正与日益增长的数据相关。不管你从事什么样的职业，世界都正在被数据洪流所淹没——我们越是利用和依赖数据，生成的数据就越多。

X

准备好被击垮

我写这本书的目的就是对我们这个世界中正在发生的数据大爆发现象有更好的了解。书中，我会探究数据增长的来源、推动因素以及这一增长对公司等组织机构的影响，并且会讨论公司该如何应对潮水般的信息，以取得最终的胜利。

6 大趋势正推动着在线数据的增长及其重要性的增加。这些趋势汇聚在一起并相互作用，使得信息管理的问题变得越来越复杂。这些趋势包括：

◎ **移动性**：智能手机和平板电脑会随时随地将人们联系在一起；
◎ **虚拟生活**：人们会通过互联网加强与朋友和家人之间的互动；
◎ **数字商业**：购买在线产品和服务的无限选择；
◎ **在线娱乐**：上亿种娱乐渠道和几百万款游戏可供我们玩乐；
◎ **云计算**：将你所有的信息放在"那里"；
◎ **大数据**：在线活动产生的大量数据。

公司在运作的方方面面都得与这 6 大趋势打交道。这种汇聚需求的"完美风暴"，使我们在认识这些趋势可能给公司带来的影响时，不得有一丁点儿错误，而几乎每一家公司都在努力平衡这些问题。其中每一种单独的趋势都能促进巨大的、两位数的数据增长，但这些趋势并不是相互独立的，而是相互依赖的：几种趋势相互制衡、相互促进，共同推动数据出现更高级别的增长。

这 6 大趋势相互融合的结果就是，数据量开始呈指数级增长。2012 年的一项研究提道：据思科公司估计，到 2016 年，世界每年产生的数据量将达到 1.3 泽字节。就这个数据量，让我们用 2013 年最高端的笔记本电脑来做个比较。假设一台笔记本电脑拥有太字节的数据存储量，这个存储量对个人用户来说，已经相当大了：它足够储存几百部电影、几万首歌曲或几百万张照片。[①]相比之下，一个泽字节就相当于数十亿台这种笔记本电脑的存储量，不管怎么说，这都不是一个小数目。如果将一个泽字节的数据刻成光盘，那么由此产生的光盘数据将长达 410 万千米，这一数据长度足够从地球往返月球 5 次。因此，如果你现在还是一个被数据搞得不知所措的商人，那么恐怕未来 10 年内，你要面临的问题会变得越来越具挑战性。

数据大爆发挑战下的大机遇

中国有句古话"祸兮，福之所倚"，数据大爆发于我们而言同样如此。你可能已听说过"大数据"一词，它是指运用统计学的方法来分析我们得到的大量数据，其目的是获取新的商业思维和机遇。**数据大爆发中蕴含着机遇以及我们对业务、消费者进行深入、全面了解的能力。**事实上，率先采用大数据的公司在操作效率、消费者满意度和利润上都有了巨大的提升。在我们探究大数据对当前商业活动的影响时，会逐渐明白，为什么数据分析会成为未来商业成功的关键。

我的同事，约翰·曼奇尼曾列举了商业领导人需要遵循的 6 大原则，它们分别是：

◎ **让一切移动起来：**重新定义内容传递和流程自动化，充分利用移动设备和流动劳动力；

◎ **流程数字化：**推行无纸化办公，让流程实现自动化；

---

① 为方便读者对计算机存储容量单位的大小有一个直观认识，特列出字节单位的对比：1 吉字节 $=2^{30}$ 字节，1 太字节 $=2^{40}$ 字节，1 拍字节 $=2^{50}$ 字节，1 艾字节 $=2^{60}$ 字节，1 泽字节 $=2^{70}$ 字节，1 尧字节 $=2^{80}$ 字节，1 波字节 $=2^{90}$ 字节。——编者注

◎ **业务社交化**：将社交技术与流程整合在一起，而不是建立一个孤零零的社交网络；

◎ **信息管理自动化**：承认有纸化工作模式已经风头不再，重视自动化管理和运作；

◎ **挖掘大内容**：在大量非结构化的信息中，挖掘出真知灼见和商业价值；

◎ **投身云技术**：将"整体企业的运营"方法拆分为可迅速部署的"个别方案应用式"方法。

你很快就会发现，这些建议与我在这本书中提出的建议高度契合。这并不是一种巧合，而是号召所有想要在新型商业环境中取得成功的商业人士付诸行动。

与数据赋能时代同步

本书可以分为 3 个主要部分，每个部分包括 6 章内容：第一部分，我们将回顾之前提到的 6 大趋势，分析它们各自的增长率以及其对公司数据增长产生的影响。第二部分，我们将提出公司为应对这些趋势而采取的 6 种策略，并分析每一种策略的成熟度模型，以便帮助你判断公司适应市场变化的能力。第三部分，我们将会分析公司应采取的 6 种具体行动策略。

在这一过程中，我希望能寓教于乐：既能让读者学到有关大数据的前沿知识，又能让读者体会到其中的乐趣。我在书中要呈现的商业挑战的规模或许有些宏大，但我想，其中蕴含的商机会让你备受鼓舞。

本书最后会根据各章所描述的趋势，向读者呈现 2020 年将会出现的 5 个场景。这些场景展现出了以上变化可能带来的崭新的未来环境，它们将帮助你从中找出一些商机，而这些商机正是数据大爆发的结果。

　　我希望，这些场景中描述的数据赋能时代，将会是一个生活和工作的好时代。诚然，我们不得不大量暴露自己的信息，可是我们得到的好处会让我们更加倾向于选择这个数据赋能的世界。既然这样，就让我们做好迎接数据新常态的准备吧！

DATA CRUSH

目录

第一部分　**指数级增长，颠覆商业世界**

|第1章|

移动互联，驱动指数型数据大爆发

③
▶ 移动性与数据增长
▶ 数据支持与 App 时代
▶ 定位服务与语境计算
▶ 行动数据服务
▶ 可穿戴技术
▶ 物联网

DATA CRUSH

第一部分

指数级增长，颠覆商业世界

HOW THE INFORMATION TIDAL WAVE IS
DRIVING NEW BUSINESS OPPORTUNITIES

数据大爆发

◎ 苹果应用商店于 2008 年 7 月建立。截至 2012 年 3 月，下载量达到 250 亿次；截至 2013 年初，这个数字超过了 400 亿次。到 2014 年，它共推出的 App 多达 77.5 万个，而且每周都会增加几千个。

◎ 到 2013 年，数字商业已成主流。目前，约 14% 的线上搜索通过智能手机实现，交易额达 1.3 万亿美元。

◎ Groupon 开创了反向团购模式，成为史上最快突破 10 亿美元收入的公司。

◎ 在线游戏总收入预计将从 2010 年的 160 亿美元增加到 2016 年的 300 亿美元左右。

◎ 62% 的美国公司在经营活动中使用了云计算服务，其 IT 成本平均降低了 26%。

◎ 到 2015 年，精通数据处理技术的人才将会出现至少 150 万的缺口。

DATA CRUSH

移动互联，驱动指数型数据大爆发

早在 10 年前，手机还只能用来打电话和发短信，但今时今日，智能手机已经颠覆了人们生活的方方面面，移动性引爆了数据的指数级增长。移动性有 4 大驱动力，分别为普遍性、连通性、数据启用以及场景。在这些力量的驱动下，可穿戴技术、App 和物联网开始在全球范围内蔓延。

▶ 400 亿次，苹果应用商店的惊人下载量
▶ iGlasses 上的坚宝果汁 App
▶ 物联网：桥头堡应用

2013年，只要你是美国人，你的口袋里就有60%的可能，会装着一部智能手机。你可以用智能手机给同事发短信、网上购物、拍照、与朋友分享视频。你可能用谷歌地图找到了一家咖啡馆，而排队时，你也会用手机玩会儿游戏。你可能会使用一张电子优惠券，而它正是你刚下载的一个App发送给你的。而你之所以会下载这个App，是因为你Facebook上的朋友将它推荐给了你。甚至，你也能通过云计算服务将你的智能手机与家用电脑、工作电脑以及爱人的智能手机进行同步。

仅仅 10 年之前，这一切都还是闻所未闻，一切都是那么的不可思议！事实也正是如此，前几年，手机的作用还局限于打电话或发短信。而如今，手机已经给我们生活的方方面面带来了颠覆性的改变。**事实上，根据谷歌出具的调查数据显示，目前约有 14% 的线上搜索是通过智能手机实现的，更有 72% 的智能手机用户会用手机进行网上购物。**

智能手机使移动计算成为可能，而移动计算堪称人类历史上发展最迅速、成果最喜人的技术。从应用角度来考量的话，移动设备的重要性堪与火和电的发明相媲美。**2010 年，全球有 45 亿人拥有手机，而同年拥有牙刷的人却只有 42 亿。2012 年，全球共售出了 15 亿 ~17 亿部手机——这意味着当年全球 20% 的人口购买了新手机。而到 2013 年，手机用户更是达到**

了 **68 亿，占全人类人口数的 90%**。手机已不再是少数人才能拥有的奢侈品，它已经成了个人与社会进行互动的主要工具——它对我们的生活如此重要，以至于我们愿为之抛弃其他诸多需求。

手机已经彻底融入了我们的日常生活，我们几乎无法想象一个没有手机的世界。因为手机的广泛应用，移动通信市场的市值已经达到了 1.3 万亿美元，差不多占全球 GDP 的 2%，并且其增长速度远超 GDP 的整体增长速度。

当然，目前全球范围内，约有 70% 人用的还是传统手机（或者你可以称之为"傻瓜机"），不过智能手机正在席卷移动市场。虽然由于市场已经饱和，手机年总销量的增长并不明显，但是每年还是会有非常多手机用户将手中的"傻瓜机"更新换代成智能手机。事实上，智能手机市场已经颠覆了移动行业——"新生代"的公司苹果和谷歌已经彻底摧毁了老牌手机生产商，诸如诺基亚和 RIM 公司（黑莓手机生产商）。

如今，很多人都不记得仅仅在 10 年之前，移动行业还是诺基亚和 RIM 的天下。2000 年时，我也是数以百万计的诺基亚手机迷中的一员，当时，我对有着银色镀铬外壳的诺基亚 8810 这款机型非常狂热——我认为它是终极时尚的代表。虽然当时这款"傻瓜机"的零售价高达 1 000 美元，但还是经常断货，甚至社交名媛帕丽斯·希尔顿也是这款手机的早期使用者。当然，诺基亚 7110 也非常经典——基努·里维斯在电影《黑客帝国》中用的就是这款手机。

当手机变得越来越智能，当用户在关心手机外观的同时也越来越关心手机的功能时，诺基亚的命运就此被改写。诺基亚投入了大量时间和精力来开发手机的功能，但是它似乎试图实现的巨大飞跃只是创建一个全新的操作系统——Symbian。可是，虽然用户确实希望手机的功能变得更强大

（像黑莓手机一样，能够收发电子邮件），但这并不代表他们会为此学习使用一个全新的操作系统。因此，Symbian 一直默默无闻，而且鲜有人购买装载这一系统的机体笨重、操作复杂的手机。

至于 RIM 公司的黑莓手机，则是智能手机的技术先驱。黑莓手机不仅可以打电话、发短信，还可以收发邮件。于是，黑莓手机成了新一代时尚机型的代言——帕丽斯·希尔顿也很快换成了这款新手机。人们对黑莓手机的新功能是如此迷恋，以至于它很快就获得了"古柯碱莓"（CrackBerry）的称号——古柯碱是一种极易让人上瘾、内含可卡因的毒品。直到 2008 年，黑莓手机依然是人们的首选，当时还是总统候选人奥巴马使用的就是这款手机。虽然特勤局担心他的隐私和安全，但他还是拒绝交出自己的黑莓手机。一开始，黑莓手机让人沉迷上瘾，当时我有一个共事的经理，当你和他讨论事情时，他根本没时间看你一眼，因为他的眼睛一刻也不会离开他的黑莓手机——他一直都在手机上看邮件！

> 然而到 2012 年，诺基亚和 RIM 都陷入了经营困境。RIM 执意在自己生产的手机上推行一个独立的操作系统，虽然 2012 年，该公司的市场份额已经从 2008 年的 44.5% 下降到了大约 4.6% 的近期新低。诺基亚则几乎被迫放弃了自己的 Symbian，转而采用微软公司的 Windows Phone 8 操作系统。然而，仅仅 10 年间，诺基亚的全球市场份额就暴跌 25% 以上，而同期，全球移动市场的规模却扩大了 3 倍。过去 10 年间，这两家公司合计蒸发了约 20 亿美元的市值，而它们的净值大幅亏损的原因正是因为它们没有预见到智能手机汹涌发展的浪潮。

造成移动产业大规模动荡的原因是显而易见而又引人注目的。智能手机丰富了我们生活的方方面面，而只要我们关注一下移动数据业务、移动应用和定位服务的发展，这一转变也就不言而喻了。

DATA CRUSH | **新常态**

移动技术已经迅速在全球普及开来，目前有近90%
的全球人口都在使用某种形式的移动设备。

移动性与数据增长

那么，移动性的哪些方面导致了数据的爆炸式增长？答案是，**移动性
引发了数据增长的 4 大驱动力：普遍性、连通性、数据启用以及场景**。接
下来，就让我们依次来具体了解这 4 大驱动力。

普遍性，也被称为网络效应。现在，全球有超过 60 亿的手机用户，那么，
总会有那么一个人，你能和他说上话，而且总是会有话可说。事实上，我们
大部分人一直都在利用这种普遍性。比如，2012 年，美国 34% 的家庭不再安
装座机，他们仅靠移动电话和世界保持联系。**2012 年，美国的总话务量超过 2.3
万亿分钟，而且以相比于 2011 年同期增长 3% 的速度持续增长。**

普遍性会与第二个驱动力——连通性相结合，这就意味着不论何时何
地，只要你有任何话想说，都有可能会有人愿意而且能够聆听——不管那
对话会有多愚蠢。毕竟，这 60 亿人不仅连接到了网络上，而且基本上一直
有联络——只要你愿意，就能全天 24 小时随时与任何人交流。也许，你在
自己的工作与生活中也感受到了连通性带来的影响——过去那种朝九晚五
的工作日似乎被无休止的工作替代了。反正，在我的工作中，这种情况并
不罕见，也就是说，我早上 6 点钟就要开始开电话会议（因为我要和在欧
洲的工作人员谈事情），并且会一直持续到晚上（因为我还要和在亚洲的工
作人员谈事情，而他们这时候才刚开始新的一天）。因为连通性，我拥有了
更多产生越来越多数据的机会。

　　2012 年，美国手机用户的通话时长是 2.3 万亿分钟，相当于每人每月打了差不多 10 个小时的电话。这样看来，手机仍主要用于语音通信，但是，数据通信开始变得越来越重要。2012 年，美国手机用户发送了超过 2.27 万亿条短信，表明数据通信的重要性在不断增长。文字信息和语音流量都在以每年大约 3% 的速度增长，这表明起码从目前来看，它们已经达到了饱和。这些形式的流量预计将持续增长，但增长速度会比较缓慢，因为越来越多用户开始通过 Twitter 和 Facebook 等社交平台来进行互动。

DATA CRUSH | **新常态**

　　移动设备的迅速普及使得人与人之间的交流次数剧增。通过语音通话分钟数、短信量和移动设备上消费数据的增长趋势就可以看出，越来越多的人开始在网络上花费更多的时间。

数据支持与 App 时代

　　2012 年 3 月 2 日，苹果公司宣布其应用商店的下载量已经达到 250 亿次，这一数字非常惊人，毕竟苹果应用商店可是 2008 年 7 月才建立起来的。到 2013 年年初，其下载量已经超过 400 亿次——增长速率惊人。在苹果应用商店成立的 5 年来，它为用户提供了超过 77.5 万个 App，而且每周都会增加几千个。为了不被淘汰，谷歌搭载在安卓系统上的应用商店也差不多发布了这么多可供下载的 App，这为它创造了数十亿美元的收入，颠覆了全世界数十亿智能手机用户的生活。事实上，据 Gartner 公司估计，2013 年，因 App 带来的全球营业收入会大幅增长 62%，达到 250 亿美元。

　　现在我们对 App 已经不再陌生。不过对新手来说，一个 App 或者一个移动 App，通常会被定义为一个旨在搭载于移动计算设备上运行的软件 App，诸如搭载在智能手机或平板电脑上。苹果、谷歌和其他平台提供商给出的定义也很模糊，因此我想通过一些大受欢迎的 App 的某些重要特征来定义一下 App：

◎ **使用成本很低**。App 成功的一个关键就是门槛低，虽然并非所有 App 都是免费的，但是很多 App 的售价都不超过 10 美元，甚至大部分都低于 5 美元。

◎ **充分利用移动平台的优势**。App 是专为在智能手机和平板电脑上使用而设计的，因此，它们会充分利用这些平台的独特优势。也就是说，它们应能随时随地为任何有特定需要的人所使用。此外，有些事情用户只能通过 App 完成，而不能通过笔记本电脑或台式机实现，这也就意味着 App 利用了平台的优势。

◎ **满足用户的特定需求**。大多数成功的 App 都是迎合了一个集中的、特定的用户需求。不管用户是想通过一个游戏 App 来玩 5 分钟，还是想找最近的加油站或者一个在附近可以共进午餐的人，相关 App 都必须能在这项需求产生的当下为用户提供有价值的服务。

◎ **了解用户**。真正成功的 App 会跟踪用户的需求：它可以是简单的——就像《愤怒的小鸟》这款游戏会记录你的个人最高得分一样；当然，它也可以是复杂的——就像了解你最喜欢的购物场所和吃饭场所的 App 一样。一个特定的 App 对你的了解越深，你使用它的可能性就越大。这就大大深化了用户和 App 之间的关系，甚至有的 App 还会让用户上瘾。

当然 App 可能会有另外一些特征，但是以上这 4 个特征是 App 成功的关键。显然，很多 App 不具备这些特征，就像苹果应用商店里有超过 75 万个 App，但是其中超过 40 万个却从未有用户下载一样。但是，既然苹果 App 商店里已经有 400 亿次下载，那么显然，成功的 App 经常会让人疯狂。只要想想 2012 年当苹果下架谷歌地图，引入其自主开发的 iMaps 时，人们所表现出的抗拒情绪就可以清楚地知道：人们对自己选择的 App 是有感情的。

App 之所以会和数据增长这一话题密切相关，是因为它们既是海量数据的消费者，也是海量数据的创造者。例如，只要用户使用清除用户位置信息的 App，就会生成关于该位置的数据。2010 年，这些原本用户未删除且程序员没有及时清除的用户个人位置信息引发了很多轰动一时的丑闻。虽然，人们最初对苹果和谷歌存储并利用这些个人记录进行未知用途的做法存在反感，但是他们很快就忘记了自己最初的顾虑，转而开始下载新版的、更复杂的，也对其行为跟踪得更为彻底的 App。随着 App 复杂度和功能的增强，它们将得到更广泛的传播。因此，它们也将生成一个不断增长的信息洪流。我们将在第 10 章中回到 App 这个问题上来，并分析在接下来的 10 年里，它们将如何改变企业与用户建立联系的方式。

定位服务与语境计算

移动数据增长的最后一个驱动因素是场景。在移动设备上，场景指的是用户某时某地所处的位置，而大量 App 则是借助用户的位置信息来推送内容的。从图 1-1 中可以看出，定位服务或者语境运算进一步提升了智能手机的价值。自世纪之交开始，大部分智能手机都具备了接收 GPS 信号的能力。移动电话可以利用 GPS 信息告知其用户所处的时间和地点，即定位服务。当你将定位服务与智能手机结合使用时，语境运算就产生了。

语境运算会将用户的空间和时间信息与和智能手机连接的其他相关数据相结合，然后得出与该用户所处的具体时间和地点相关的结果。

当你在智能手机中的地图 App 上搜索"加油站"时，除非你同时还输入了另一个特定的地址，否则搜索结果就会显示离你目前所在位置最近的加油站。只要你没有设定某个区域的加油站，那么 App 就会默认你是要搜索离你目前所处位置或者说所处场景最近的加油站。

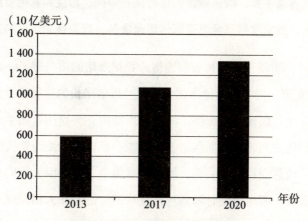

图1-1　基于位置的服务量的增长

资料来源：Market Information Group.

你所在的位置、当时的时间和你的个人身份信息这3者的结合，为全天候向你兜售产品的商家提供了无限可能性。正因如此，语境运算让我们每个人都能创造和使用不同的大量数据。场景服务虽然仍处于起步阶段，但是它已经成了移动 App 和数据增长的关键驱动力。未来 10 年，场景服务肯定会实现两位数的年增长速度，并且到那时，它的网络数据通信量可能会超越其他任何形式。

场景化达人新玩法，哪家强？
扫码获取"场景化成熟度模型"，立享一手纯干货！
注意：一大波场景化新贵正在靠近！！！

行动数据服务

手机的数据支持是移动数据服务的重要内容。智能手机之所以"智能"，原因之一就是它能兼容多种形式的数据。移动数据服务，包括短信、网页浏览、访问 App 和流媒体服务，如 Netflix 和 YouTube 所提供的服务。随着智能手机取代普通手机，蜂窝数据网络将遍布中国、印度和其他发展中国家的大部分地区，数据服务已经迅速取代语音服务，成为移动通信的主要形式。

2012 年，相较于语音和短信通信，数据通信的增长翻了一番多，达到了 11 亿吉字节。这个数据量非常大，而且成倍增长的速度不但没有丝毫放缓的迹象，而且预计还会加快，因为更多的用户会换用智能手机，更多的设备会开始连接到蜂窝数据网络上。智能手机使得传统计算机作为互联网接入点这一角色变得黯然失色，原因非常简单，就是因为我们会随时携带这些移动设备，因而能随时随地连接互联网。随着非人用户或者"物"与我们的交流开始增加，这一增长趋势必将会持续下去。

DATA CRUSH | **新常态**

移动设备的数据启用正迅速在全球蔓延开来，事实上，到 2015 年，手机网络用户数将超过通过其他任何设备上网的用户数。

可穿戴技术

不久的将来，新型可穿戴计算机将会问世。2013 年，谷歌发布了一款计算机眼镜——谷歌眼镜。不久，苹果公司也有推出了 iGlasses。这些可穿戴技术可以让用户体验到"增强现实"——数字信息被投射到用户的视野内，呈现出与用户正在寻找的事物相关的场景数据。举例来说，如果这些智能眼镜佩戴者正在寻找一家特定的商店，那么去往这家店的路线就会被直接投射到眼镜上，这样用户就不用总低头看手机了。

此外，这些智能眼镜将会配备摄像机，用户可以利用它拍摄一手体验视频（first-person videos），即从智能眼镜佩戴者的角度拍摄的视频。随后，用户可以将这些视频直接分享给他人，或通过 YouTube 等社交网站分享。你可能会质疑到底有多少人想体验别人的生活，那么你只需看看如 Facebook、Twitter 和 YouTube 这样成功的网站，就会有答案——智能眼镜是一项颠覆性的技术。就像智能手机的出现让互联网上的数据量增加了一个或两个数量级一样，智能眼镜也会使数据量激增。而且，智能眼镜的视频功能还会使图像上添加用于语境运算的数据源。

> 在不久的未来，你下载安装在 iGlasses 上的坚宝果汁 App 便可以通过面部识别软件分析你上传到 Facebook 上的视频文件，得知你最近曾和好朋友汤姆外出购物；它通过将汤姆当次的购买行为和以前的购买行为进行对比，得知他喜欢喝坚宝果汁店的蓝莓奶昔；通过 iGlasses 上的位置数据，它得知你们都在当地的坚宝果汁店附近。因此，如果你们两人 15 分钟后会经过该店铺，那么坚宝果汁 App 就可以通过整合这些信息，为你们其中任意一个人提供一张该店的"买一送一"折扣券。

智能眼镜将进一步引发数据增长。试想一下，如果每个智能眼镜用户全天 24 小时每小时都会用智能眼镜记录 5 分钟，那就相当于他每天都在拍摄一部动画长片电影。假设智能眼镜的普及速度与智能手机和平板电脑的普及速度相当，那么我们有理由相信：到 2020 年，智能眼镜的用户将数以千万计。因此，显而易见，YouTube 很快就需要扩大其存储空间。

在不久的将来，移动性不仅会产生海量数据，同时也会对计算能力和网络带宽提出非常高的要求。要想在未来取得成功，企业应该意识到并满足这种需求——为了生存，这些投资必不可少。

DATA CRUSH **新常态**

假设智能眼镜的普及速度与智能手机和平板电脑的普及速度相当，那么我们有理由相信：到 2020 年，智能眼镜的用户将数以千万计。

物联网

当移动手机市场迅速接近饱和时，另一个市场的崛起开始让移动手机市场变得微乎其微起来——物联网（Internet of Things）。**这一市场将包括自我感知设备、用户感知设备、环境感知设备以及最重要的互联设备。**与这些互联事物将催生的数据流相比，我们的网络目前支持的信息量变得相形见绌起来。随着这些事物变得越来越智能、越来越了解它们的用户，即使没有人工干预的存在，它们彼此间也会开始越来越频繁地互联互通。一些分析师预测：到 2020 年，互通互联事物间相互传递的信息将会超过它们单独传递给其用户的信息。

其实，这一实例已经存在，比如配备了安吉星（OnStar）安全系统的汽车或配备有 Wi-Fi 连接的电视。而包括家用电器、医疗设备在内的互联设备，甚至服装都会迅速追随这些"桥头堡"应用。事实上，如果我们将射频识别（RFID）设备这个新兴领域考虑进来，那么几乎世界上的所有事物都能实现与其他事物的互联互通。

虽然移动数据量的增长速度看似惊人，但是我们事实上还未开始体验真正的海量数据流——即使我们很快就会到达移动手机市场的饱和点，也就是说，每个需要手机的人手上都会有一部手机。这是否意味着移动数据流量的高峰很快会出现？我们很难给出肯定的答复。相反，**移动数据流量的来源很快就会出现一个巨大的转变——从人类转向我们生活中的事物。**

在不久的将来，大部分移动流量将来自物，而不是人。智能汽车、智能家电、智能电表等等，都将通过移动技术实现连接。一旦连接成功，它们将会源源不断地各自创建信息，并向世界展示它们的状态和可用性。随着这些智能设备的数量开始超越手机，我们将见证远超今时今日流量水平的数据通信和信息传递。我将这种市场转变称为"物联网化"（thingification）——我们将在第12章中对这一现象进行深入讨论。

移动性的4大特征，即普遍性、连通性、数据启用和场景将会持续扩大海量信息的可用性，并催生海量信息的消费。这些特征使得移动设备，如智能手机，成了人们的必需品。因此，我们对小型便携式计算机的依赖程度在短时期内是不会消退的。

DATA CRUSH | **新常态**

移动数据流量的来源很快就会出现一个巨大的转变——从人类转向我们生活中的事物。在不久的将来，大部分移动流量将来自物，而不是人。

DATA CRUSH

第2章

虚拟生活，社会化媒体的崛起和日益增长的主导地位

Web 2.0 时代迅速催生了 Facebook 和 Twitter 等社会化媒体，首次改变了传统的"企业－消费者"关系，引领出了一种更加亲密的关系—— 侵入式亲密，进而激发了消费者契约新常态。然而，企业若想利用这种亲密关系，就需对消费者的需求作出深度回应，不断发掘企业的价值，实现用"亲密"换红利。

▶ 社交网络：离婚律师的证据来源
▶ 如果你没有付钱，那你本身就是商品
▶ Facebook：游戏也能玩出商机

不管你称其为社会化媒体、社交运算、Web 2.0，还是线上生活，这种新型网络广告形式几乎已经改变了世界上每一个人的生活。可以说，比起Web 1.0，Web 2.0对人类社会的影响更大。**种种迹象表明，社会化媒体将持续发展，这不仅表现在它将在全人类范围内得到普及和使用，还表现在它会留住已有用户。**

接下来，我们不妨通过分析几个最受欢迎的社交平台，来观察这一科技和社交现象。

DATA CRUSH | **新常态**

社会化媒体已迅速成长为互联网上的第一大活动。2014 年，人们在互联网上共花费了 4 万亿分钟。

Facebook：免费服务的背后

自 2005 年以来，如果你不是山顶洞人，那就一定听说过 Facebook 这个社交网站，用户之间可以在之上进行线上联系。一旦成为好友，用户就可以将自己在个人主页上发表的"状态"或上传的照片与好友分享。而对于这些状态或照片，其他用户可以通过点"赞"来表达自己的喜爱，或者进行评论、回复。这样，数百万人就能在 Facebook 上畅聊无阻。同时，Facebook 也催生了数以百万计的"部落"，用户们会在此就各种各样的话题你一言我一语地闲聊。

Facebook 的出现不过 10 年时间而已，但许多人早已经忘记了它出现之前的生活。如今，Facebook 和它那"快言快语的表亲"——Twitter 已经成了一种全球文化现象。2012 年，每天有 10.6 亿人花费近 102 亿分钟在 Facebook 上（不包括手机用户），普通用户则每个月会花费了超过 400 分钟登录该网站。在美国，若按每小时最低工资 7.25 美元计算，那么每天 100 亿分钟就相当于每年有 4 500 亿美元的经济损失。而此时，美国经济正在经历现代以来最为艰难的时期——这真的就是在浪费时间！

截至 2013 年年初，Facebook 已经流失了 10 亿用户。事实上，从点击率来看，Facebook 是第二大受欢迎的网络活动；排在第一位的是搜索引擎谷歌。**而从花费的时间来看，Facebook 就当属第一了，因为它占据了用户 90% 的在线时间。**那些经常使用 Facebook 的用户知道，他们很容易会沉浸在 Facebook 的信息流中，特别是用手机登录时。

为了发展，Facebook 投了近 10 亿美元在它的基础设施上，那么问题来了：这些钱从哪儿来的？**与网上其他免费服务一样，Facebook 也开始将它搜集到的终端用户数据出售给第三方，以此获利。而第三方公司利用这些数据去深入了解消费者，进行自主分析，再在 Facebook 上发布定向精准广告。**

对这些买家来说，Facebook 提供的数据之所以值钱，就在于用户间表现出了亲密度。在许多人看来，Facebook 恰似友人间的一通私密电话，因为这种互动并不是在众目睽睽之下进行的，所以也就不用担心它会被记录下来。而如今，这些数据却成了心理学家和数据科学家的分析对象——数据科学家可以说是心理学家新交到的"好友"。

DATA CRUSH | **新常态**

与网上其他免费服务一样，Facebook 也开始将它搜集到的终端用户数据出售给第三方，以此获利。而第三方公司利用这些数据去深入了解消费者，进行自主分析，再在 Facebook 上发布定向精准广告。

Twitter：小"推文"，大商机

在社会化媒体领域，Facebook 并不是一家独大。对于不那么爱唠叨的人来说，Twitter 是更好的选择。Twitter 和 Facebook 的运营模式略有不同——Twitter 尤其适合手机用户。Twitter 的用户可以发送 140 个字以内的消息，即"推文"（Tweets）。Twitter 的用户会面向全世界发送推文，而不像 Facebook 那样，只面向特定的朋友圈。用户还可以订阅彼此的信息，使得相互之间能够跟踪状态。任何人都可以检索到大部分推文，如此一来，已经发送的推文就变成了一个可供别人分析的庞大数据库。

面世不久的 Twitter，不仅没有被 Facebook 的风头盖过，反而实现了更快的用户增长速度。

自 2006 年 3 月问世以来，Twitter 的发展规模虽然比不上 Facebook，但它的发展速度却比 Facebook 快得多。截至 2012 年，Twitter 在全球范围内的注册活跃用户已超过 2 亿。这些用户大多数是手机用户，他们每天要发送 4 亿多条推文。除此之外，由于之前发送的推文可以保留，且能够被搜索到，所以 Twitter 每天还能够支持 16 亿多次的搜索，其中既包括个人搜索，也包括企业搜索。个人搜索是为了获取专门的信息，而企业搜索则是为了通过监控 Twitter 的网站流量来获取市场信息。

事实上，Twitter 的商业模式是：**限制免费的数据量，并对想要全面获取 Twitter 数据流的一方进行收费**。此外，与 Facebook 一样，Twitter 也拓宽了自己的广告渠道，即凭借目标消费者的详细资料获取精准的市场信息。

Twitter 作为一个社交平台，自有其巨大的力量。假如你对此有所怀疑，那么不妨看看各界名人在 Twitter 上的粉丝数。在 Twitter 上拥有粉丝数量最多的明星包括：

◎ 贾斯汀·比伯：3 600 万粉丝；
◎ Lady Gaga：3 500 万粉丝；
◎ 凯蒂·佩里：3 400 万粉丝；
◎ 蕾哈娜：2 900 万粉丝；
◎ 美国总统奥巴马：2 800 万粉丝。

在衡量这些数字时，你要有这样一个概念：加利福尼亚州的总人口数才 3 700 万；可见，伟大的"比伯粉丝州"也并非弹丸之地。以上几个例子足以说明，作为一个社交平台，Twitter 的影响力有多大。

DATA CRUSH | 新常态

Twitter 和 Facebook 正迅速达到市场饱和，但同时，它们的用户量也还会继续以高达两位数的速率增长。

社会化媒体的商业影响：消费者契约新常态的形成

这一切对公司又有什么影响？为什么公司不能将社会化媒体仅仅看作

一个供青少年通信和上传图片的超大型聊天室？社会化媒体远非"聊天室"可比，即使我们将它称为一场人类交流的革命也不为过。无论你喜欢也好，不喜欢也罢，Facebook、Twitter 和其他社会化媒体网站都正在改变世界的方方面面，其中也包括人们希望和期待的交流方式。社会化媒体用户所表现出来的这种期待，从数字部落延伸到了与它们相关的公司。如果你的公司没有利用这种渠道来建立消费者契约，那么在未来 10 年里，你就会失去大量消费者的认同——他们将不再买你的产品。

社交平台改变了消费者对企业契约的期待，这对于那些想要利用社会化媒体的企业来说，无疑是一大挑战。甚至不到 10 年以前，就有企业承诺在某一位消费者生日那天针对某些产品或服务给予其折扣。而如今的契约变成了：对于同一位消费者，在他们朋友生日的那天也要给其折扣，前提是要通过他那位朋友的档案明确地知道他喜欢什么样的礼物。**如今，由于社会化媒体的出现，这种契约开始要求企业与消费者建立一定程度的亲密关系，而且几乎是一种侵入式亲密，因为如今营销商对消费者资料的掌握已经达到了惊人的程度。利用这种亲密关系，企业可以对消费者的需求作出深度回应；而在消费者看来，假如不是利用这种方法，它们很难作出如此深度的回应。社会化媒体给消费者带来了巨大的好处，因此，对于许多人来说，用一定的隐私来换取这种贴心服务，是值得的。**

与此同时，若企业想要建立这种必要的亲密关系，就不能再像以前那样运作。如今，当消费者与你的企业沟通时，他们希望你从深层次的个人层面去看待和理解他们。他们致电客服中心，是希望你彻底了解：他们之前在你那里买过什么产品，后来出现了什么问题，当然，最重要的是你要如何及时去解决这些问题。过去，企业会通过购买、使用和依赖客户关系管理（CRM）系统来完成这项任务。CRM 系统会记录下企业与消费者的互动，其中包括他们购买了什么产品、购买的时间以及是否曾打电话咨询客服中心。与此同时，CRM 系统还会记录一些针对每位消费者的专门数据，比如住址和生日。21 世纪初期，这些对消费者数据的掌握程度就被认为是"与消费者之间的亲密度"。然而，有了社会化媒体后，我们就能实现更进一步的亲密关系，这足以让 CRM 系统望尘莫及。

一家公司往往能通过社会化媒体挖掘出消费者的情感、态度、想法、担忧和愿望。人们会在这些社交平台上大量透露自己的私密信息，却往往忽略了这样做的后果。**消费者公开了这么多隐私，作为回报，他们也会从能满足他们需求的公司那里得到一定的好处。因此，在社交平台上，消费者虽然失去了大量隐私，却也获得了不少好处。**

到 2010 年，如果某家公司没有对这些新的期待作出正确的回应，那么接下来，消费者很可能会采取某些行动：在他们加入的每一个社会化媒体平台上攻击你。越来越多的社会化媒体用户会转移到移动平台上，随时连接到他们所处的数字部落，在这样的情况下，如果你的客服不到位，那么消费者分分钟就会在网络上给你差评。可见，社会化媒体的浪潮不仅改变了公司对消费者的回应态度，也改变了公司自身的运作方式，只有那些成功预见并接受了这些改变的公司才可能在不久的将来存活下来。

DATA CRUSH | **新常态**

如今，企业可以通过社会化媒体来分析人们的习惯、信念、偏好、观点，并能精确到一定程度，从而形成一种近乎侵入式的亲密。

社会化媒体的风险与回报

Facebook 革命有一个副作用，那就是让当下大部分人过上了虚拟生活。更有甚者，一些老用户几乎每时每刻都会泡在网上，对个人隐私或者基本的伦理道德底线不甚关心，甚至是毫不在意。而人们在网上发帖之前，似乎也完全不经大脑，很多人好像也不在乎自己发的东西会产生什么样的后果。事实上，早在 2010 年，81% 的受访离婚律师就曾表示，Facebook 是他们官司的重要证据来源。

你一定听说过一些发生在 Facebook 上的骇人听闻之事：用户们竟然在 Facebook 上承认自己曾犯下诈骗、偷窃、强奸或谋杀等罪行，这不但令"好友"们难以置信，也为法律制裁提供了一定的证据。这种事，几乎每周都能在报纸上见到，但是 Facebook 的用户还是执着地向全世界网民"敞开心扉"。到 2010 年，社会化媒体平台上的信息大都非常可靠，就连美国大部分联邦、州和地方执法机构都在积极浏览这些平台，以寻找犯罪证据。爱德华·斯诺登在 2013 年揭发了美国国家安全局的监听计划后，公众的反应并不强烈。因为他们似乎已经习惯了这样的观点：**我们生活在一个显微镜下，可毕竟这样做的好处总比坏处多。**

社会化媒体促使用户之间进行最亲密的交谈，他们甚至忘了自己是在一个公众论坛上发表观点。在 Facebook 上，这类交流不仅是家常便饭，而且还很受用户们的欢迎。这对公司来说又有什么关系呢？如果公司想要在社交平台上获取有重要价值的东西，就需要对消费者坦诚相待——如果它们没有达到消费者的期望，就必须坦白承认，还要因服务不周到的地方向那些被惹恼的消费者公开道歉。对于大多数营销商、客服主管和几乎所有的公司法务来说，这样的沟通和以往不同，而且也会让人感到些许的不自在。

然而，这是一种消费者契约的"新常态"，只有那些懂得如何创造和维护这种亲密关系的公司才能从社会化媒体上获取最大的价值。

什么造就了Facebook的数十亿美元身价

Facebook 自 2012 年上市以来，其市场价值最高达到 1 080 亿美元，显然，这是一个不小的数字（见图 2-1）。当时，它是首次公开募股的最大的互联网公司。这就引出了一个问题：一家向消费者提供免费服务的公司何以有如此高的身价？我最喜欢引用一位风险资本家的话来回答这个问题："如果你没有付钱，那你本身就是商品！"这个观点适用于互联网上的许多免费服务（比如谷歌、Hotmail 和雅虎），但它尤其适用于努力使业务货币化以满足投资者预期的 Facebook。

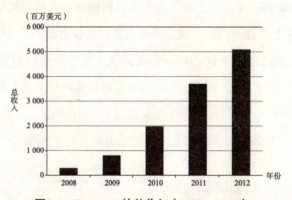

图2-1　Facebook的总收入（2008—2012）

资料来源：Facebook Annual Report 2012.

Facebook 通过出卖（你的）信息给（想要卖东西给你的）公司来实现它的货币化目标。它们根据你在 Facebook 上发表的帖子，就能描述出你的大致信息。然后，只需再分析一下你的评论、照片和点过的"赞"，就能轻而易举地得到你的信息，比如你的朋友圈、你的消费喜好、受教育程度和兴趣爱好等。你在 Facebook 上发的东西越多，它们就越能更深层、更准确地对你进行描述、分析和调查。

此外，Facebook 还推出了一系列以用户为导向的游戏，这些游戏既可以用来娱乐，还能帮助它更深层次地了解用户。**事实上，游戏最能揭示人的性格类型、竞争倾向、交际能力和智商。**

> 假如你是 Facebook 的用户，不断有人在 Facebook 上邀请你玩某个游戏，那么这时你不妨问问自己："为什么 Facebook 会千方百计地要我来玩这个游戏？"我敢保证，其中很大一部分原因是：你一玩这个游戏，他们就能获取关于你的更精确的信息，到最后，Facebook 就会将你的资料卖给其他公司，以此获利。

Facebook 将关乎千万人的、私密而且精确的个人信息卖给公司。用户在 Facebook 上发送的内容，就这样轻而易举地被出卖了。或许，在过去的两年里，你就已经注意到了 Facebook 的这一变化——你的 Facebook 个人页面上多了很多广告，而这些广告可能会比其他网页上的广告更让你感兴趣。假如你经常上 Facebook，那么这就没错了。你在网页上花费的时间越多，就会有越多广告商获得你的信息，以推送更多吸引你眼球的广告。

DATA CRUSH | **新常态**

社会化媒体平台的收益源正不断增长，这表明企业正将它们作为消费者数据资源和目标广告市场。

社会化媒体革命已经爆发

销售就是通过与消费者的心理和想法打交道，从而把手"伸向"他们的钱包。因此，公司越是了解消费者的偏好、愿望、态度和需求，就越容易将东西卖给他们。而最终，Facebook 的价值就体现在这里：用户们对 Facebook 非常着迷，他们在上面大肆发布自己的个人信息，使得那些广告商们对他们了如指掌，然后将他们锁定为目标，并针对他们推送定向广告。

这也必然意味着营销商们不得不改变策略：从发布具有普遍吸引力的广告来尽可能地吸引消费者，到发布针对特定个人的广告。之前，他们要创造、组织和准确地传递这数不清的、各种各样的信息，操作起来花费巨大且过程复杂。而数据大爆发则不然：一旦必要的系统和内容准备就绪，那么在恰当的时间将这些信息传递给恰当的人，就是小菜一碟了。其实，这也就是社交平台（比如 Facebook 和谷歌）提供的一部分服务。

一旦某家公司锁定了某位消费者，而且它还获得了这位消费者的详细资料，那么它就能提前从消费者契约阶段过渡到消费者亲密度阶段。有了与消费者间的亲密关系，公司就能与消费者建立起某种好朋友之间才有的联系。实际上，公司正是通过与消费者建立亲密关系，成为消费者所在数字部落的正式成员，才建立起了足以赢得品牌忠诚度的信任关系，然后从中获利。

到目前为止，大多数公司都在 Facebook 上占有一席之地。它们以自己公司的名字作为 Facebook 的用户名，或许还有一个销售团队，负责在网上发布它们认为与消费者相关的信息。还有一些公司在社会化媒体的利用上另辟蹊径：有的公司会开发专门的 App；有的公司会在自己的网站上建立消费者契约；也有的公司会开通博客，供消费者在线交流。

既然社会化媒体在千万人的生活中扮演了如此重要的角色，那么将社会化媒体作为一种拓展消费者的渠道也自然成为公司的一种必然选择。

DATA CRUSH

新常态

　　不论你的公司是什么性质，都必须接受这种新模式，就像在 20 世纪 90 年代初你必然要接受互联网一样。互联网革命永远地改变了商业世界；而这场社会化媒体的革命也将会使由互联网革命变得黯然失色。

DATA CRUSH

|第3章|
数字商业，网购商品和服务的无限选择

网上购物已经彻底改变了我们的购物体验，零售销售总值清楚地表明了一大社会趋势——消费者的购买习惯逐渐被推向了"品质－价格"这个统一体的两端。而且，消费者还会开始成群结队地将自己的集体意图传递到全球市场上，从而推动传统零售业开拓出一种全新销售模式。

▶ "品质－价格"的黄金位置
▶ Bonobos 男装：虚拟试衣间的双赢
▶ Groupon 如何咬掉传统零售商身上的"肥肉"
▶ Loopt 反向团购新模式——U-Deals

数据的爆发式增长正在向经济、社会和生活的方方面面渗透。任何科技的变化都有可能造成好或坏两种结果，就像每一个科技时代都有赢家和输家一样。就大多数发达国家人们的日常经验而言，互联网给零售行业带来的机遇和挑战是任何行业都无法比拟的。网上购物已经彻底改变了我们的购物体验，它造就了20世纪最响亮的品牌，还将形成即将在21世纪主宰一方的新时代品牌。

互联网的诞生，意味着数字商业的出现。回到 20 世纪 90 年代末期，消费者接触到的是诸如亚马逊和 eBay 等大品牌。那时，许多学者称这些公司将永远不能与传统的连锁零售商相抗衡，因为它们永远无法提供与传统"个人购物体验"相媲美的服务。然而，10 年后，亚马逊和 eBay 成了零售业的两大巨头，而传统零售商却在为生存而苦苦挣扎。2009—2013 年，亚马逊的收入呈 3 倍增长，已超过 600 亿美元，而那些濒临破产或已经破产的零售商的数量却在逐渐增加。

尽管大多数传统零售商也试图以其自身的网上业务与亚马逊、eBay 抗衡，但那些新登上舞台的网络零售商们正动摇着世界范围内的购买方式。如今，诸如亚马逊这样的业界领袖正无孔不入地侵蚀着零售业。而新的商界玩家，比如 Groupon（美国新兴知名团购网站，中文名为"高朋"）和 Price Grabber（一款数码产品的在线报价软件）则正以即时优惠券、实时订单、价格比较、虚拟试衣间和集体议价等方式推动着零售业的创新。在这样的背景下，传统的零售商要想生存下来，比任何时候都难。然而，对于零售商来说最重要的是，这不断发生的变化既是一种机遇，也是一种挑战。

数字零售的新特征和新作用令人叹服，而它们还将为人们正在经历的数据洪流革命作出进一步的贡献。在这一情况下，公司会不断挖掘消费者的购物方式、原因和购买对象，并愿意花钱来买这些信息。一旦这些信息进入它们的系统，它们就会基于此写出新的消费方案，然后推送给潜在消费者。实际上，在一些零售商使用详细的消费者数据来优化市场预算时，如果其他零售商不这么做，那么它们就会处于极端的劣势中。然而，仅仅获取这些消费者数据，并进行季度性的检查远远不够。零售商们还必须实时地利用这些数据将产品卖给消费者，甚至要赶在他们需要购买产品之前。

DATA CRUSH | **新常态**

到 2013 年，数字商业已然成为主流，网上交易规模已达 1.3 万亿美元。

消费者的两极化：高价格VS高品质

零售销售总值清楚地表明了一大社会趋势：纵观各个零售环节，消费者出现了严重的两极化。消费者的购买习惯逐渐被推向了"品质－价格"这个统一体的两端。一些消费者会选择花更多钱购买他们认为的高品质品牌（比如苹果、Coach、维珍大西洋航空和奔驰）所提供的产品。这些品牌会将自己包装成专门提供奢侈品和高端服务的商家，与此同时，它们还向消费者传递出了一种生活方式。然后，这些公司就可以针对自己的产品和服务收取额外的费用，而消费者为了享用这些产品和服务的额外价值，也很乐意为之埋单。

相反，一些消费者则纯粹是根据价格这一因素来购买产品，他们希望站在市场这一端的公司给予自己最大的折扣（比如沃尔玛、好市多、美国西南航空和起亚）。这些公司之所以能够成功，是因为消费者不仅能够凭借高折扣实现购买力与基本需求之间的平衡，而且还能余出一部分钱进行偶尔的奢侈品消费。何乐而不为呢？便宜也有便宜的好处。可见，这些公司之所以能够成功，是因为它们占据了现有市场的大部分份额，进而调节好了规模与范围的效率，继续施加价格的下行压力，同时还能使利润保持稳定甚至增加。

> 沃尔玛无疑是商品世界的主导者，这一强大的零售商，2012 年的总收入超过了 4 700 亿美元，占美国 GDP 的 3% 还多。事实上，沃尔玛 2012 年的 157 亿美元盈利差不多就是彭尼公司当年的总收入了（172.6 亿美元）。中层零售商，比如彭尼公司、西尔斯百货、凯马特和梅西百货的市面收入正在急剧减少，而它们的网上售卖渠道也不如亚马逊和沃尔玛有效。如此一来，这些中间层级的市场玩家就会继续减少，实际上，到 2020 年，它们将不复存在。

那些处在"品质－价格"这一统一体中间位置的公司，也就是那些常常门庭若市的公司，消费者到最后都会花钱买它们的产品。之前提到的那些存在问题的公司是中端市场里实际存在的，一旦消费者能够发现并利用开放市场和其近乎完美的竞争，那么它们将很快被淘汰。

当然，仍会有消费者在这些商店里买东西，即便仅仅是将购物作为一种享受和社交活动。然而，当他们准备买东西时，越来越多的人会利用移动技术对他们将要购买的商品进行价格检索和对比。一旦发生这种情况，这些零售商就会完全失去定价能力和一切在当地市场具有的优势——将零售区位设在消费者集中的地方实现的优势。随着运输成本的可控化，消费者会发现自己要买的产品在网上卖得更便宜，于是那些中端零售商就会失去通过投资实体店而吸引过来的生意。

定价能力的潜在变化将会继续削弱中端市场公司与其他公司区别开来的能力。它们的盈利太过微薄，以至于无法将其品牌形象和个性化的消费者服务作为卖点；而它们的固定成本和可变成本又太高，又无法与那些折扣连锁店进行价格上的竞争。于是，这些公司就进入了一种零售真空地带，它们很少能在接下来的 10 年里存活。

DATA CRUSH | 新常态

零售销售总值清楚地表明了一大社会趋势：纵观各个零售环节，消费者出现了严重的两极化。消费者的购买习惯逐渐被推向了"品质 – 价格"这个统一体的两端。一些消费者会选择花更多钱购买他们认为的高品质品牌，而一些消费者则纯粹根据价格这一因素来购买产品。

实体零售店的"夕阳危机"

网络竞争使得传统零售商受到重创，这已不足为奇。近期受到打击的实体零售店就有波德斯书店（Borders Books）、百视达公司（Blockbuster）、飞琳地下商场（Filene's Basement）、维景酒店（Metropark）等。此外，还有几家知名的零售品牌也出现了严重的资金短缺问题，其中包括 OfficeMax、电子产品连锁店 RadioShack、来德爱（Rite Aid）、西尔斯、凯马特、陶伯女装（Talbots）和彭尼公司。这些公司的店内收入急剧降低，而随着通货膨胀的愈演愈烈，维持这些实体市场所需的成本却仍在增加。

2012 年的假期购物季结束时，一些中端市场的零售连锁店宣布了在全美范围内关闭店面的计划，其中包括百思买（关闭了 20%~25% 的店面）、西尔斯（关闭了 5%~6% 的店面）、彭尼公司（关闭了 30%~35% 的店面）、欧迪办公（Office Depot，关闭了 10%~12% 的店面）和巴诺书店（Barnes & Noble，关闭了 30%~40% 的店面）。由于消费者向网络渠道流失，这些公司的总收入出现锐减。网络渠道带来的定价权的转变，又让传统零售公司蒙受了更大的损失。

难道这就意味着大型购物中心的终结吗？当然不是。一些传统的零售商还在夹缝中求生，可另外一些却在茁壮成长。如何解释这些零售赢家和零售输家的区别呢？只需一个词：数据。那些将当地和实体商店价值与客户数据的作用结合起来的零售商反而在网络竞争的压力下实现了增收和盈利。这些零售商明白吸引某些消费者到商店里购物的意义，于是他们在这一意义之上，添加了有关该消费者的一切信息。**聪明的零售商先是获取消费者数据（正是吸引消费者在网上购物的数据），再利用消费者亲临商店的固有优势达成交易。而若能将这两个因素结合在一起，零售商就能进行一场复兴。如果不能对消费者场景的力量进行利用，在数据竞争面前，所有企业的生意都将会一落千丈。**

DATA CRUSH | **新常态**

消费者上网的时间变得越来越多，与传统公司相比，那些关注数字商业的公司更具结构优势，且这种优势还在不断增强。

体验式消费与反向团购新模式

与网络零售商相比，传统零售商可以发挥一些策略优势：他们可以向消费者提供切身的、直接的购物体验。这些公司能让消费者亲自浏览商品，将购物由一种消遣转化为一次活动或体验。当然，对于"购物趣"一说，也有道理，因为我们许多人就是喜欢走进店里，货比三家。所以，许多传统零售商并不把网络零售商（比如亚马逊）放在眼里，认为它们无法复制真实的购物体验，而这正是你在当地的购物中心里所能体验到的。

然而，提供这种前端消费体验并不需要商店一定就要按部就班。事实上，一些新型零售商在为消费者提供令人满意的实地购物体验的同时，正以与在线购物同样的方式争取消费者的满意。

以男装品牌 Bonobos 为例。该连锁店为消费者提供零售区位，以便他们随意选购——看看衣物是否合身、穿着是否舒适，还可以看其面料和剪裁的优良与否。在记录下消费者的尺寸和喜好后，Bonobos就能通过这些信息来了解消费者的需求。然而，在 Bonobos 买的衣服并不是在店里当时就能直接交到消费者手上的，而是会从总仓库中直接送到消费者家里，这样就简化了公司的物流、储备管理和加工处理流程。

一些消费者会先到店里试衣服，试好后在网上购买——他们被称为"试衣族"。如果是传统零售商，它们肯定会因为自己被消费者当成"试衣间"而恼怒，但 Bonobos 却正是利用这一点来重新定义它的商业模式。它的零售地点实际上就是"试衣间"，就像所有网络零售商一样，它将消费者的满意度进行集中管理。于是，Bonobos 的消费者很好地享受到了两个平台提供的服务——他们既在零售店里获得了"购物趣"，又享受到了网络购物能享受到的低廉价格和贴心服务。Bonobos 清楚地向我们展示了零售业的变化。而抵制这种潮流的公司必将会逐渐被排斥，它们的店面也会变得门可罗雀。

与此同时，其他一些公司正另辟蹊径，实行完全不同的商业模式。而引领这种潮流的新玩家正是电子优惠券巨头——Groupon。成立于 2009 年的 Groupon 开创了一种新型团购模式，成为史上最快突破 10 亿美元收入的公司——提前 3 年实现了这个目标（见图 3-1）。很显然，Groupon 赚的钱越多，其他采取零售折扣这种传统方法的零售商所赚的钱就会越少。如此一来，Groupon 表现得越好，那它从传统零售商那里咬下的资金"肥肉"就会越多。

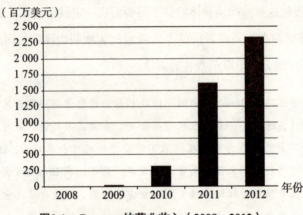

图3-1　Groupon的营业收入（2008—2012）

资料来源：Groupon Corporate Annual Report.

但由于 Groupon 的股票业绩欠佳，因此，我们很难论断它的商业模式是否算得上成功。它的模式是这样的：Groupon 支持一些卖家将买家需要的产品和服务进行打包出售，并给予较大的折扣；进行 Groupon 式交易的零售商在每笔交易中放弃一部分利润（有时候是一大笔利润），反过来，就会得到更多消费者；最后，这些零售商获取的总利润会更多。不过，这种模式下单笔交易的利润却大大减少，加之 Groupon 收取的提成，零售商还会损失更多利润。

而对于 Groupon 来说，不利的一面就是其商业模式并未创造价值，而是将价值从零售商处转移到了消费者手里，它只是从中提成。Groupon 或许会说，在它安排的这些交易中，零售商们在不给予团体折扣的前提下也得到了更多客户，从而提升了总体市场的占有率。虽然这么说也有道理，但 Groupon 也从中赚取了几十亿美元收入，这是一个不争的事实。而这些收入本该是使用 Groupon 模式的零售商的利润。如此一来，说 Groupon 模式正在加速零售业的灭亡也就不足为奇了。

鉴于 Groupon 模式取得的成功，其他公司也不可避免地会有进一步的改变。其中最可能在近期取得成功的就是由新兴公司 Loopt① 推出的 U-Deals（由用户决定团购内容的新型团购模式）。与其他零售商不同，U-Deals 采用反向团购模式，将产品和服务打包成整套交易，再出售给团购者。U-Deals 将有共同需要的消费者聚集在一起，并将他们的需求累积起来，然后向目标卖家提供方案。当然，U-Deals 在选择卖家时是有限制的，并会根据消费者的喜好来选择。

相信这种半反向团购模式也会像 Groupon 那样取得成功，而且这种模式对每一方都有好处，它是社会化和场景化的自然结合（我们稍后会讨论）。在 Groupon 的支持下，为了将产品和服务出售给团购消费者以获取更多的总利润，零售商在每一笔交易中都会放弃一定的利润。这样一来，消费者会很高兴，因为他们购买的产品和服务看起来更加划算了；而 Loopt 公司也会从中受益，因为它会得到一定比例的交易手续费和一些有用的消费者数据。

即便是如此明智的 U-Deals 团购模式，在这样一场真正由消费者决定的反向竞卖模式面前，也可能很快会变得黯然失色：**消费者成群结队地将需**

---

① Loopt 于 2009 年创立，其功能是让用户快速获取相关场所的信息，通过手机中的 Loopt App 寻找当前位置周边的朋友。其真正创意之处在于推出了地理位置问答功能，可以促进用户交流，获得想要的信息，同时也可以更好地向用户推荐地点。——编者注

求整合起来，然后将他们的集体意图传递到全球市场上。这种模式并不锁定某个目标卖家，而是允许所有卖家都参与其中，这样就引发了更激烈的竞争，也意味着会为参与的消费者节约一大笔钱。当然，这种模式也会进一步加剧零售业的衰落，而其利润则会被越来越见多识广、越来越强大的消费者阵营所吞蚀。

当退出已不再是一种选择

是什么促使零售商加入了这些市场？为什么那些卖家愿意牺牲利润，来与 Groupon、U-Deals 和其他团购商家签订协议呢？答案就是：这些市场的早期推动者赚的就是那些没有加入这些市场的竞争者的钱。正如之前提到的，与 Groupon 合作的公司虽然在单个消费者身上获得的利润变少了，可是随着更多消费者的参与，这些公司获得的总利润却变多了。加入这些市场的公司通过比较大的折扣满足了更多的市场需求，而新增的消费者反过来也不会从这些公司的竞争者手中购买商品。

假如说即便打了折，比萨店每卖一个比萨仍可获利，那么比起其他那些竞争者，这家比萨店就会赚更多钱，会更加成功。实际上，凭借折扣活动，会让至少一家店倒闭。如此一来，公司加入这些市场的主要动机就变得显而易见了：生存。对于所有公司来说，一旦加入这个市场，那些被归为网上市场的系统就成为"必需品"。这些系统能够提取消费者发起的、与卖家相关，而且能使之在满足每笔交易都获利的情况下才作出回应的交易信息。而这就需要公司实现一定程度的内部透明化，这对许多公司来说可是一大挑战。然而，又有多少零售商能决定它们每一笔交易的利润？有多少能进行这种预见性的分析，然后提前判断出某笔交易是否划算呢？假如大部分零售商都采取反向竞售模式，那么又有多少家公司能够及时在适当的竞价点停下来呢？

到 2020 年，这一市场会赢得大多数买家，这个市场带来的好处让消费者无法抗拒。同时，更多零售商还会参与进来，让消费者的购买的商品物有所值。而这些市场又是一种需要多家公司来管理的大规模数据的来源。如今，零售商不得不寻求相关的竞卖方式，以加入其中，并决定其自身的限制价格因素，决定其是否能够或应该赢得某一场竞卖——如果赢得了竞卖，还要能够担保履约。每一笔交易都会形成大量的消费者数据，这些数据对已建立起基于事实的操作模式的企业来说，非常珍贵（我将在第 16 章中对此进行详述）。

总的来说，日益发展的商业模式已不再是对现有市场份额的扩张，而是对现有的、传统的市场份额的替代。诸如亚马逊这些引领电子商务的创新者，以其创新推动了购物体验，因此，它们为所有想要在未来 10 年内保持竞争力的公司提高了标准。那些能赶上市场变化甚至能引领潮流的公司，其市场份额将会大幅增长，而最终其利润也会增加。这一转变正是以那些赶不上电子商务的发展步伐、只能眼看自己的生意一落千丈的公司为代价的。

跟上电子商务创新的脚步意味着要将这场游戏玩得和那些成功公司一样好。这也就意味着，企业应学会搜集、分析和利用大量的消费者数据。然而，只有分析还远远不够。公司还需要明白，消费者的见识也在日渐增长，他们懂得的技术越来越多，其需求也就越来越多变。因此，公司至少需要进行重组以满足不时之需。如果哪家公司确实想跟上时代的步伐，那么它就要能够学会预测消费者的需求，且要赶在竞争对手之前满足他们。

这一切都需要众多的数据作为支持。而且，仅仅拥有这些数据是不够的，你还要将其付诸实践，好好利用（我们会在第4章探讨这样做的迫切性），可以肯定的是：如果你觉得目前自己的公司已经掌握了大量信息，那么，到2020年，你就会发现，今天的数据量还不到你公司日常所需数据的1‰。

DATA
CRUSH

新常态

在网络世界里，你的竞争对手并不是那些提供和你一样产品和服务的公司。相反，你应争取的是消费者的关注，要让他们知道哪一家公司提供了最好的消费者体验。如此一来，你的竞争对手就可能会变成诸如亚马逊、eBay、塔吉特和Groupon这样的公司，而你很可能还会落后于它们。所以，赶快以这些标准来设定你对在线交易的期待，并尽最大努力赶超上来吧！

DATA CRUSH

第4章

在线娱乐，每个人都是导演和演员

数字通信和数字娱乐极大地改变了人们的交流方式和娱乐方式。今时今日，消费者想要在自己的娱乐中扮演更加积极主动的角色，也愿意花大量的时间和精力来博得关注。越来越多的观众与数字媒体联系在了一起，自然地，连广告收入也得依靠消费者的眼光了。

▶ 2300万！《美国偶像》的超爆点击率
▶《烦人的橘子》：无广告、无赞助的突围
▶ "打金"打出40亿美元
▶ YouTube：每个人都想当主演

从石碑石刻到古腾堡印刷机、从收音机到电视机，人类创造的每一种新型通信技术都引爆了重大的社会和文化变革。它们不仅改变了政府，颠覆了人们旧有的期待和文化规范，还将权力从一部分人手中转移到了另一部分人手中。有趣的是，这些重大变革的周期开始变得越来越短，它们对社会的影响却变得越来越大——无论是在利用速度上，还是在改变效率上。

随着互联网应用的范围变得越来越广，数字通信和数字娱乐已在世界范围内得到了迅速发展，极大地改变了全世界人们的交流方式和娱乐方式。人们花在网上的时间越来越多，而他们注意力的转变也引起了传统媒体渠道的急剧变化，如照片、音乐、电视、电影，它们中的一些会在这一数字时代中存活下来，甚至茁壮发展，然而大部分将会如过眼云烟般消失。在这个数字时代中，赢家和输家之间的区别很可能会被归结为：在媒体和娱乐领域的某个表演者是否能关注所传达的信息（而不是媒介），最终保持与观众之间的互动，而无论消费者采取的是何种互动方式。

DATA CRUSH

新常态

传统的媒体渠道正在加剧衰落，就连它们仅剩的观众也变得更加变化无常、更加不耐烦，甚至开始逐渐脱离目标市场。诸如 YouTube 等娱乐方式和在线游戏正占据越来越多消费者的闲暇时间。

YouTube：娱乐界的大亨

自 2005 年推出以来，YouTube 就意图实现个人视频的网络共享。该想法被提出后，除了公司的创办者外，很少人相信 YouTube 有足够的财力来完成这一宏图大志。许多互联网分析家都认为 YouTube 不可能通过广告收入赚回所有视频文件的存储费用；同时，这一商业案例对大多数人来说不具有意义。然而，YouTube 很快就被谷歌以迅雷不及掩耳之势收入囊中。之后，谷歌立刻开始着手扩展该服务的规模和范围，将其作为全网最大的搜索公司，并用从网上获取的知识对它进行扩充。

快速推进 7 年后，YouTube 已经成为最大的互联网视频库，同时也跃居互联网访问量排名第三位的网站。2011 年，YouTube 的访问量达 1 万亿次，人们在 YouTube 上观看视频总共花了 350 亿小时。到 2013 年，如果你一周不上一次 YouTube，那你就 OUT 了。在 YouTube 上，访问者既可以观看由专业人士制作的精致视频，也可以观看由业余爱好者们拍摄的视频。然而，人们每花一个小时在 YouTube 上，就会少用一个小时来做其他事情，比如陪伴家人、工作、看电视、听收音机或看报纸。

这些数字表明，其他媒体形式正面临着严峻的挑战。比如，当时网络电视中最流行的一档节目《美国偶像》的最后一集，也是最受期待的一集，吸引了 2 300 万一次性观众，使其成为近年来收视率最高的电视节目。另外，YouTube 上的动画片《烦人的橘子》（Annoying Orange）每个月也都有 5 000 万观看者。比起那些最流行的网络电视节目，YouTube 上那些没有广告也没有赞助的家庭制作系列视频反而能够吸引成双倍的观众。《烦人的橘子》还因备受关注而被 Cartoon Network 选中，成为一档固定节目。

这种艺术家从传统渠道到网络渠道迁徙的趋势是三股市场力量作用的

自然结果：第一，上网的人有接近 50 亿；第二，大量极具才华的人（数以百万计）能创造出吸引这 50 亿人的作品；第三，实现将内容放在网上的构想几乎不需要启动资金——到 2013 年，全球有超过 5 亿台智能手机，而其中大多数手机都能拍摄品质相对较高的视频。

如今，如果有人想对这个世界说些什么，那么他只需用智能手机拍摄一个短片，然后将之上传到 YouTube 上就可以了。电缆和卫星电视的供应商喜欢夸大其词地说他们提供了数千个节目频道，在那些要花费数十亿个小时才能看完的网络素材面前，就变得微不足道了。当然，这其中很多素材的质量并不太好，可大多数人却对这些视频情有独钟，这正是市场娱乐需求的直接反映，例如有一部分人喜欢"厕所幽默"。随着越来越多的人花越来越多的时间在 YouTube 上，自然也就有越来越多的市场机会留给有品质的内容。人们很快就会看到这种转变，尤其是从那些有广告商赞助的视频里。

其他传统媒体形式正经历着严重的衰落。比如，自 1999 年以来，实体媒介（CD、磁带等）的收入一直以每年超过 8% 的比例减少。与此同时，数码唱片的销售额却以 7% 的比例年复一年地增加。因此，尽管音乐的总销量仍保持稳定，但实体唱片的销量却在骤然下跌。可见，我们正迅速接近音乐零售商的极限，而且很可能，对于传统的音乐发行商和唱片公司来说也是如此。

在某种程度上，这对消费者来说是一种福利——不再有 CD、磁带或唱片占据书架的位置。可谁又不曾在电脑上丢失或错放过文档呢？你又如何用普通美国成人人均拥有的 2.7 个数字设备来保存所有的音乐、电影、视频和照片呢？随着音乐和电影产业对云娱乐方式的推动，诸如 iTunes、亚马逊金牌服务（Amazon Prime）和 Netflix 公司等平台在娱乐行业占据了重要的市场份额。在虚拟的发布渠道面前，传统传媒公司正在失去其市场力量，而且它们也不太可能会阻止消费者为各式各样的娱乐形式而转移到虚拟平台上来。

此外，几乎所有其他传统的媒体业务都在急剧下降。比如报纸，它一度是最成功、最有利可图的业务，但如今它的广告收入却在过去 5 年里下降了 50% 以上。**全面来看，传统媒体正面临这样一个现实：越来越多的观众与数字媒体联系在了一起，自然地，连广告收入现在也得依靠消费者的眼光了。**

DATA CRUSH | ### 新常态

消费者的流动性正在增长，社会化媒体也在继续发展，再加上营销商正利用量身定制的市场信息来锁定个体消费者，这将会削弱在大众市场投放的广告的作用。同时，这还将进一步减少传统媒体渠道的收入流。

在线游戏，商机无限的虚拟世界

在线娱乐成为主流的另一个例子就是游戏。过去，玩游戏的人会被取笑为没有社交生活的"电脑虫"。可如今，却有越来越多的人为了娱乐而玩游戏，例如《魔兽世界》（*World of Warcraft*）、《坦克世界》（*World of Tanks*）等。这些游戏可以同时为几千个玩家提供仿真或虚拟现实的经验。玩家们可扮演多个角色，演绎不同生活，体会他们在日常生活中享受不到的虚拟体验。有些人甚至会迷恋上这种体验，有关游戏玩家因沉迷于虚拟生活而致使现实生活遭到破坏的报道不在少数，其中包括离婚、失业等。

　　一个极端例子出现在 2010 年的韩国。一个婴儿的父母因沉迷于一款在游戏中养育虚拟婴儿的游戏，致使他们现实中的孩子因营养不良而夭折。最终，两人因过失杀人被判处 5 年有期徒刑。

　　在线游戏如此受欢迎，其总收入预计将从 2010 年的 160 亿美元增加到 2016 年的 300 亿美元左右，6 年内几乎会翻一倍。而 2010 年全球电影票房才只有 318 亿美元。照此速度来看，到 2016 年左右，在线游戏将比好莱坞（以及宝莱坞）的价值更大。

　　正是新型市场及其机遇的开创促成了在线游戏的风靡。比如，在《魔兽世界》游戏里，玩家会在一个虚拟环境中通过完成虚拟任务，以获得虚拟货币——金币。在游戏中，这些金币可以用来购买虚拟的武器、装备、食物等。然而，要想收集足够多的金币来购买装备，就得花更多时间来玩游戏。就像在现实生活中一样，在《魔兽世界》游戏里，真正好玩的东西总需要花费大量金币。

　　因此，为了购买炫酷的装备，数百万人会花费大量时间来玩游戏。对于你来说，这其中会有商机吗？对于印度的一些公司来说，答案是肯定的。这些公司每天会花钱请人一个小时接一个小时地玩游戏。这些人在玩游戏时，会积累越来越多的金币，然后他们就会把这些金币拿出来，在现实生活中卖给其他玩家。结果，游戏代练业务兴起，而玩家们就能在现实生活中获得购买虚拟金币的渠道，比如 eBay。

　　"打金"（gold farming）[①]并不是笑话一则。2011 年，"打金"形成了一个资产高达 40 亿美元的行业，在某些国家会有近百万"打金者"。让人惊讶的并不是"打金"行业的存在，而是玩家们竟会如此把游戏

---

① 打金，在游戏中的说法。指那些无其他工作，以电子游戏获取金币或虚拟装备的玩家，将其金币或装备交易出售给其他玩家的行为。而打金玩家被称为"打金者"。——编者注

当回事儿，还肯花40亿美元购买虚拟世界里的装备。

由此看来，自20世纪90年代以来，数字娱乐的飞速发展给传统的娱乐渠道造成了重创。而且，这种趋势仍将继续发展，因为会有越来越多的人开始接触互联网。数字媒体的移动消费，比如视频，一直以超过70%的速度增长，且仍在加速。如此一来，越来越多的广告费用就会流入数字渠道，而传统媒体的商业收入则会急剧下降。

DATA CRUSH | **新常态**

诸如YouTube等网络渠道能为用户切实地带来媒体体验，消费者会对这种娱乐体验中的互动更加期待。

观众即演员

从YouTube的爆发式增长中，我们可以看出：**消费者想要在自己的娱乐生活中扮演更加积极主动的角色**。其实，YouTube上的大部分内容都是由终端用户创建的，它们代表着数百万想要在网上大出风头的人。所有这些内容的生成都表明：**消费者在寻找机会释放的自己创意，而且也愿意花费大量的时间和精力来博得关注**。

正如我在第1章中提到的，智能眼镜的推出会让YouTube更受消费者的欢迎，还会使它获得更大的信息存储能力。人们可以用智能眼镜快捷地记录下生活的点点滴滴。根据使用YouTube的情况来看，人们往往会持续在线发布他们的各种动态。

所有这些记录下来的数据，想想就令人惊讶不已。假如谷歌眼镜取得了成功，那么，保守估计，到2020年，其销量将达上亿副。假如每位用户每天录制一个小时高清视频的话，那么他们每年总共可以创造 200 艾字节也即 0.2 泽字节的数据。这可是一个庞大的数据库，而这还仅仅是谷歌的数据！因此，保守来看，单这一个平台上的一种活动，就能够使全球信息流的总量增加 20% 还多。

据此，我们就知道这些工具将会制造出多少数据了，也会明白，随着智能眼镜的广泛使用，由智能手机引发的"永远待机，随时连线"状态，将会使数据生成再创新高。

终端用户无法抵挡智能眼镜的诱惑，因为智能眼镜使我们成为自己舞台上的主演。它能满足用户的自我需求，让他们感觉自己表达的东西确实很有趣。YouTube 会让人们大出风头，进而觉得自己与众不同。在即将到来的智能眼镜时代，每个人每时每刻都想感受这种与众不同，而这样的机会也会越来越多。同样，那些懂得如何通过智能眼镜体验来与消费者建立联系的公司将会大获丰收。

毫无疑问，在线娱乐形式的一切变化都将使可供用户随意处理的信息量急剧增加。对于娱乐公司来说，这就意味着：**为了与用户保持互动，它们必须创造并免费发布更多的高品质内容。这些公司要掌握全方位的渠道以发布信息，既要将内容投放在传统的渠道上，也要将其上传到诸如 YouTube 等网络渠道上。**它们要建立并维护好与 Facebook 和 Twitter 的消费者契约，要推出能丰富消费者娱乐体验的移动应用，还要寻求其他方法使消费者能够切实地进行娱乐体验，而不是被动地接受这种体验。对于这些公司来说，这是一个重要的变化，也是一个成本高昂的变化。许多公司花费了上千万甚至上亿美元购买新设备，只为了存储大量的数字化内容和维护其庞大的数字图书馆。传统的收入来源正在减少，致使这些传统娱乐渠道陷入困境，在这种背景下，这些公司必须掌握全方位的渠道。

实际上，消费者娱乐体验的变化影响着所有公司，因为它们正在终端用户群体中开发着新的期待。即便公司的产品和服务在娱乐界不具竞争力，它也还是可以争取消费者的注意力。这些可以被任何行业用于创造消费者契约的、最有效的机制，将迅速成为所有寻求有效市场的行业都得遵照的基本标准。要记住，**所有公司都会拓宽它们的竞争观念，都在争相吸引消费者有限的注意力，而不仅限于你所在行业的公司。**

DATA CRUSH | 新常态

观众的互动将会从一种新奇的现象发展为一种期待，继而引领信息消费和信息创生的新模式。这些媒体渠道以两种主要方式促进数据的增长：第一，实际生成的内容会逐渐表现为高清视频的形式；第二，企业会分析所有这些数据的使用，继而分析终端用户的习惯、偏好，最终通过推送目标广告将这些信息转化为货币。

DATA CRUSH

第5章

云计算，世界正在向"云"移动

对于那些利用云计算进行服务传输的公司来说，云计算的经营效率和灵活性正在大大增加。很多公司自采用了云计算后，其IT成本下降了大约30%。而且，云供应商准入门槛已经终结。未来，即便是专注商品业务的传统公司也能通过调节云计算的灵活性来提高效率。

▶ 云计算：62% 美国公司的选择
▶ 云供应商的准入门槛已终结
▶ EaaS：一切即服务

如果你是一名技术人员，或许你早已听说过云计算——它似乎没有一天不在主流媒体或广告上出现！你可能还会使用云服务，比如iCloud、Dropbox、Carbonite；又或许，你打交道的公司中正以某种方式使用着云技术。如今，在全球商业大环境中，云计算可谓炙手可热。同时，它还是全球市场中将服务与基础设施极端商品化的典型。然而，这种现象不仅表现在信息加工能力上。

商业价值链上的所有环节都在经历着重建。于是，那些开展外包服务和提供基础设施的公司就变得更加实用，也更能满足消费者不断变化的需求。同时，由于这类公司能在资金筹集方面独树一帜，因此，它们在投资增长机会时也卓有成效。正如第3章中所说，**公司不得不关注对消费者效率的最大化，同时，也不得不关注可预见价值的最大化**。如今，各行各业的商品化正是对这一趋势的回应。

商品化的例子比比皆是，从诸如电脑运算和网络化等基础设施到普通的业务流程，比如人力资源、会计、CRM系统和物流。事实上，大多数业务流程中的趋势都是单极化的。**如果你的公司不能在某一业务流程中独树一帜，那么这一业务就应该被外包出去，或者将其成本降到最低，同时考虑怎样实现其最大效益或使其具有最大的灵活性**。这种趋势促成了有着数亿美元规模的外包行业，且该行业还会继续以每年两位数的增长率发展。

有趣的是，这种趋势十分依赖成熟的信息技术，尤其是互联网技术。由于业务流程产生的数据即时可用，公司就能在将流程外包的同时仍对其保持一定的控制力。实际上，这种监督非常重要，因为，即便是外包出去，业务主管仍然对那些流程负有责任。

DATA CRUSH | **新常态**

公司不得不关注对消费者效率的最大化，同时，也不得不关注可预见价值的最大化。如今，各行各业的商品化正是对这一趋势的回应。

企业应用"云计算"的两大动因

从某种程度上说，开展云计算服务的想法几乎是后知后觉。**大多数需要运用计算机能力的使用者意识到，通过购买和增加计算容量，他们能获得大规模的经济效益**。该市场的主要"玩家"有亚马逊、谷歌和微软，这些公司在历史上曾购买大量的计算容量，以实现其核心业务的运作。即便是金融天才也无法分辨出哪些公司是否有能力购买多余的计算容量，再转卖给其他有需要的公司。

通常，这些大公司并不把云计算当作一项业务，但它们却极力想让消费者认可这一技术。通过扩充购买力（这3家公司每年会购买全世界云计算服务产品的20%）和提高对高级计算机的关注度（谷歌与亚马逊都致力于对这类用户进行大数据研究），这些公司形成了既能大大节约成本又能满足消费者需求的云服务。

企业采用云计算的背后有两个主要驱动力。首先，云计算极大地提高了 IT 资源的利用率，从而会显著降低了运营成本。2013 年，曼彻斯特大学的一项分析估计，采用云计算的企业平均降低了 26% 的 IT 成本。鉴于信息的持续、加速增长将继续推动对 IT 需求的增长，这种运营成本的节省实在不是一笔小数目，因此不容忽视。云计算被采用的第二大驱动力是，大多数云解决方案都具有极大的可操作性和灵活性。

假如你的公司突然需要更多的计算能力，那么你只需和云供应商签约，要求他们提供更多的计算能力就可以了，例如亚马逊和微软等大供应商提供的云服务就有着庞大的基础设施支撑。因此，那些想要购买云解决方案的消费者可以订购几百、几千甚至更多服务器，而且不必担心供应商无法满足其日渐增多的需求。

然而，云服务也会产生一些有趣的连带作用，其一便是：云服务切实增强了许多消费者数据的安全性和可靠性。2010 年，资深的信息安全专家就已经供不应求了。当然，大多数公司也会聘请一些这样的人才，可是他们并没有得到最好的培训，或者并不是最有资历的。而对于云供应商来说，要想做成生意，安全比什么都重要，所以，他们不惜在最安全的人员、流程和技术上进行大量投资。也正因为如此，大多数云供应商都拥有比大企业还可靠的信息安全设施。成为这些服务供应商的消费者，就相当于进行了一场安全投资，而且还会获得额外收益，那就是：整个团队的人都会来保护你的数据安全。

说到底，无论是追求成本效益的、以商品为基础的公司，还是追求最大灵活性的、以价值为基础的公司，云计算都能为这些公司的核心操作模式提供巨大的支持，还能增强这些公司业务信息的安全性。正因为这样，云计算才得以如此大规模地被采用。另外，曼彻斯特大学的一项研究表明：

在受访的美国公司中，有高达 62% 的公司在经营活动中采用了云计算。

DATA CRUSH | ### 新常态

对于那些利用云计算提供传输服务的公司来说，云计算的经营效率和灵活性正在不断增加。很多公司自从采用了云计算后，其 IT 成本下降了大约 30%。

云供应商准入门槛的终结

云技术的发展促使了一代新兴公司的创立。约 30 年以前，要成立互联网公司就得准备几笔早期创业基金，以确保公司的营运，它们会用这些种子基金购买公司运营所需的计算能力、连通性和数据能力。有了这数百万美元，初创公司才能得以进行早期运作以及对市场进行开发。然而，在如今的云供应商界，这种模式已经过时了。

现在，一家新兴公司若想要开展在线业务，它做的第一件事就应是从供应商那里购买少量的计算能力。有了这些计算能力后，它们就可以开始小规模运作，以观察这项业务是否可行、是否能获利。据估算，要达到这种商业成熟度，只需几千美元。与 10 年或 20 年前不同，如今，在新兴公司证明其商业模式可行以前，风险资本家在对它们进行投资时也更加犹豫，而这都是由云计算促成的。

云计算对于小公司来说非常有利，它们根本就不需要筹备额外的资金来确保自身发展。因此，它们不用再将这笔资金进行基础设施建设，而是将其用在市场营销和挖掘消费者需求上。云计算典型的购买方式是"买你所用"，因此，一项新业务可以不断实现收入的增加——而税率却是固定不变的。

　　云解决方案的好处进一步体现在其服务项目会立刻增加或向外扩展上。如果你需要更多计算能力或存储空间，那么只需点击几个网页，你所需要的能力就会即刻为你所用。**聪明的公司经营者会凭借这种随机应变的能力，随时掌控新产品或服务推出后可能出现的一切营业额的变化，或应对季节性的需求变化。如此，云服务就具备了巨大的灵活性，而且还附带了价格优势。**

　　这样的灵活性不仅能促进结构增长，还能帮助公司应对季节性的业务变化。许多公司的营业额会在秋末冬初的假日季节大大增长，特别是零售公司。事实上，许多传统零售公司正是靠着假期增加的销售额来实现全年的商业利润的。营业额增加了，对计算能力的需求也必然会增加。而有了云计算，这些公司就可以根据购物高峰期的变化灵活决定对云服务需求的增、减。这个例子表明，即便是专注商品的公司也能通过调节云计算的灵活性提高效率。

DATA CRUSH | **新常态**

　　2015 年，云计算会成为一项价值上万亿美元的业务。

一切即服务

　　过去 10 年来，云设施服务已经发展为商界的一股强大势力。与此同时，业务流程外包也成为司空见惯——随着全球化和工艺标准化的出现，很多公司越来越容易将普通的业务流程外包给专业而高效的第三方。

　　由于外包现象的普遍存在，越来越多的商业流程和业务能力都将遵循云范式。由其他人向你提供计算能力和信息存储手段的**"基础设施即服务"**（**Infrastrucure as a Service, IaaS**）的观念将发生变化，越来越多的公司将主张**"平台即服务"**（**Platform as a Service, PaaS**）的理念，也就是整个商业体系，诸如 ERP 系统、SCM（供应链管理系统）、ECM（企业内容管理系统）等系统都能提供"交钥匙"式的在线解决方案。如今，人力资源系统 Workday、Salesforce.com（专为社交型企业打造的 CRM 软件和云端运算）和 Saperion（德国内容管理供应商）等公司都在使用这类解决方案。甚至连微软也接受了这种改变，它的整个 Office 办公软件正在使用**"软件即服务"**（**Software as a Service, SaaS**）模式。很显然，照此趋势发展下去，企业交由第三方供应商负责的业务范围将会变得越来越大。

继 PaaS 和 SaaS 之后，我所谓的**结果即服务**（**Outcomes as a Service, OaaS**）就会出现。OaaS 是指一家公司可以订购一种能预见业务成效的外包服务。假如某家公司要雇用一名新员工，那么 OaaS 就能为其提供一名符合要求的人才。如果某家公司想要在新市场中拓展消费者，那么 OaaS 就会为其选出新消费者。

接下来的 10 年，由于不同市场动态之间的相互碰撞，OaaS 将会得到进一步的发展。首先，标准化格式的商业数据会得到实时提供。一家公司要利用 OaaS 供应商，就必须具备强有力的信息基础设施。公司必须深入了解其内部的业务流程，以便将这些流程与 OaaS 供应商提供的流程与数据相统一，在过去的三四十年里，这也是大多数公司持续追求的目标。最近，大多数公司都能通过数据实现主要业务流程外包，同时还能对这些业务保持一定的掌控。

那些将要使用云传输模式的业务流程和服务将继续扩大，同时也会进一步提升商业价值链。而传统的、简单的业务流程已经实现商品化和业务外包多年，比如招聘、工资表和物流等。如今，更多先进的商业服务正在被简化和聚合，变得更适合外包。我在电视上看到过几则有关服务的宣传广告，其中包括提供线上法律服务的 LegalZoom 网和提供在线会计服务的 1800Accountant 网，等等。这些 OaaS 供应商一开始将中小企业市场作为目标市场，而随着这些商业服务的不断商品化，最终会以云传输方式输送给大公司。大公司拥有更多业务，也能给 OaaS 供应商带来更多收入，与此同时，它们也在不断寻找提高门槛的方法。

越来越多的业务流程随着 OaaS 的发展而变得商品化，这又使商业迎来了新一轮趋势："一切即服务"（Everything as a Service, EaaS）。在 EaaS 环境下，一家公司要能够看到每一个需要操作的业务流程，并能够判断哪一个进程会带来附加价值。速度、效率和成本有效性迫使公司尽可能将"非价值增加流程"外包给 OaaS 供应商。一旦某些公司开始聚集其他 OaaS 供应商，针对业务流程外包开创"一站式"购物，那么 EaaS 便会开始发挥作用。公司可以通过 EaaS 供应商展开计划，还可以执行完全成形的、稳健的，且能为公司提供即时支撑的业务流程。当前，云计算正在经历其营销炒作周期，并迅速成为各行各业的标准商业模式。

DATA CRUSH

新常态

将来，越来越多的服务将会变得更加虚拟化。进一步发展的云技术不仅仅会依靠基础设施运作，而且还会进入位于更高企业价值链的市场。这一趋势将迅速促进 EaaS 市场的形成。在 EaaS 市场中，任何业务都能从外部供应商那里购得。

随着云计算的使用，人们会有某些担忧，比如信息的安全性和敏感信息的掌控问题，而且这种担忧还会持续。然而，面对这些担忧，云服务供应商们会回应说，他们提供的服务正日趋成熟，而市场也将逐渐接受云计算，并将其常规化。另外，正如本章一开始所提到的那样，许多云供应商的信息安全系统甚至比《财富》500强中大企业还强大、先进和警觉。由于云计算能带来巨大的经营效率，且具有很高的灵活性，因此，像云计算这种资源利用方法将扩展到所有商业运作模式上。在不久的将来，我们将会通过利用第三方的虚拟资源，来完成所有业务。最终，整个虚拟行业将会在没有资本投资的情况下崛起。随着市场进入障碍的消失，这将会对市场竞争产生深远的影响，并还会促进大公司不断提高效率、开拓创新。

DATA CRUSH

新常态

如今，企业很可能会将至少一部分业务外包出去。将来，企业可以将业务流程分解为各种结果，再寻求与那些能通过云技术提供这些结果的外包商合作。

迅速而全面地引进 EaaS 方法的企业将更容易取得成功，因为它将运作成本降到了最低，同时将业务灵活性最大化。

DATA CRUSH

|第6章|
数据分析，未来企业的
核心竞争力

如今，大数据已经成了商业世界的新兴发展趋势，而数据分析则成了公司成败的重要衡量因素。越来越多的公司开始利用自己"堆积如山"的数据，诸如亚马逊、谷歌和 eBay 等市场领导者在个人化网络体验上为消费者期待设定了标准，将"大数据"的"大"提升到了全新的水平。将来，各行各业的商人都必须懂数据，数据统计和概率将成为我们需要掌握的一门新语言。

▶ 从"大数据不是什么"到"大数据是什么"
▶ 该给哪个饮料自动柜员机补货？
▶ 塔吉特：那个女孩怀孕了！

正如我们前文讨论过的社交和商业趋势一样，过去几年，大数据被作为一个新的商业领域而大肆宣传。大多数企业经理人都会对其有所耳闻，有的经理人会想："大数据究竟是什么？"或者"我怎么才能弄点到我的公司来？"新的商业概念对人们来说总是神秘的，大数据也不例外，有的公司甚至还视其为消除一切弊病的灵丹妙药。事实上，大数据并没有那么神秘，而是相当具有实用性和巨大的潜在商业价值。

数据革命：重新认识大数据

从本质上来说，大数据不过就是运用统计分析法来管理大量信息。此外，大数据还具有更加复杂的形式，它不仅能通过采用先进技术来判断数据群组是带着"语气"还是蕴含着"情感"，还能采用其他结构化数据（如交易记录）或非结构化数据（如邮件）的技术。**大数据的目标是通过分析用户的习惯，来找出新的突破口。**从根本上说，大数据就是运用数学、统计学和科学的计算法则来对极其庞大的数据进行解读。

庞大的数据是由什么构成的呢？2012 年，在美国，人们每分钟会发送两亿多封邮件，会在 Twitter 上发布超过 10 万条推文，还会在 YouTube 上上传长达 48 小时的新视频。2013 年也不例外，Facebook 每天会搜集到 500 太字节的用户数据，这相当于 500 台大型计算机硬盘驱动器上存储的数据。如今，这些数据与 Facebook 之前搜集到的所有数据相互对照，最后形成了一个记录着个人偏好、观点和习惯的庞大数据库。一旦统计学家、心理学家、营销学家（也包括营销商）等对这些数据进行分析，那么 Facebook 和它自己的客户（即其他公司）就会对其用户了如指掌！

近来，大数据面临着巨大的压力，人们对于大数据的构成仍未达成共识。难道几十年前没有公司会分析它们的消费者数据？难道它们就不曾想过挖掘已有的数据，从中学习如何提高公司的运营能力，如何更好地为消费者服务，或者如何减少负面影响？

回到 20 世纪 80 年代，那时我还是通用电气的一名实习生。在那 8 个月里，我大部分时间都在分析通用电气的电脑生产线，并试图从中找出有问题的数据。所以，我相当确定，数据分析已经屡见不鲜了。

事实上，那些没有挖掘现存的交易数据、没能从中提出新想法的公司有可能已经倒闭了。所以，我们对于大数据的定义首先得从它不是什么开始：**大数据不是去分析公司结构化的交易数据，诸如存储在 ERP 系统、CRM 系统和 SCM 系统以及其他传统公司系统中的东西。**

那么，大数据就是去分析邮箱之类的非结构化合作系统、SharePoint 之类的合作平台和 Jive 之类的企业社交平台吗？答案仍然是否定的。非结构化的数据一般不用于统计分析；5 000 封商务邮件中可能并不会包含什么企业商业情报，然而，一旦被公司发现，那么一封特殊的邮件或网页邮件就可能价值数百万美元。在社交进程中，我们很容易就能通过搜索工具挖掘出非结构化的数据（我们稍后会详细叙述这方面内容）。

我们已经以"大数据不是什么"的方式给出了两种定义，那么，它到底是什么呢？如果对本章一开始给出的定义加以扩展，那么大数据确实由两种事物组成：**首先，它是对一家公司的结构化和非结构化数据进行结合分析；其次，它是对结构化和非结构化的内部数据资源和外部数据资源进行综合分析，从中提取新观点。这两种分析类型都有"大"的元素在里面，这就表明，数据资源可以用太字节来测量。**

我在对大数据的第一种定义中，提出让公司整合两种不同的数据形式，并对其结果进行分析，以从中发现新观点。我发现，结构化和非结构化的数据集就像油和水，它们并不"精诚合作"，也不能用于严格的数据分析。例如你公司的财务系统会呈现出一组交易数据，显示过去几年来公司卖了多少东西给某位消费者。同样，由于某种原因，你的企业邮箱系统中也会出现数千封提到这位消费者的邮件，所以，这就是关于这位消费者的非结构化数据。大数据分析专家会结合结构化的交易数据与同一时间内提到这位消费者的邮件，来分析这位消费者在过去几年里购买的东西是否和邮件的内容有关。

DATA CRUSH | 新常态

诸如亚马逊、谷歌和 eBay 等市场领导者在个人化网络体验上为消费者期待设定了标准。那些想要与消费者保持联系的公司就得向这些企业学习，同时尽最大努力创造以消费者为中心的个人化在线体验。

出于几种原因，这种分析类型构成了大数据。**首先，数据集太过庞大。**一般大型公司都拥有容量可达拍字节的邮件存储库和交易数据库，因此也有着上百万甚至上 10 亿的记录可供整理（比如，沃尔玛的销售量）。**其次，这种分析类型之所以会构成大数据，是因为它需要凭借复杂的分析工具才**

能有效进行，比如自然语言检索或语义检索。其他形式的大数据也会使用同样的技术；它们只是专门用于内部数据集而已。**最后，我之所以将这种分析称为大数据，是因为大多数公司之前从未将结构化和非结构式化的内部数据结合起来，以从中挖掘信息。**这样一来，那些开始着手这一流程的公司会提出大量新想法，以提高企业运营水平、消费者服务水平和员工管理水平，同时深入了解其服务的市场；这些想法是他们无法从其他途径获得的。如此，将内部的、结构化的和非结构化的数据进行联合分析就是大数据，因为它会对公司产生重大影响。

那些学会运用第一种大数据分析的公司接下来也能有效地利用第二种大数据分析，而第二种大数据分析是将结构化与非结构化的内部数据资源和外部数据资源相结合。而这些外部资源也可以是结构化的或非结构化的，或者两者皆可，这要取决于企业所面临的问题。这些分析的主要价值同样体现在它们不曾被进行过分析；实际上，在前些年，人们也不可能进行这样的分析。

这些分析能将大数据的"大"提升到全新的水平。试想一下，Facebook 每天会从用户那里搜集到 600 太字节的非结构化数据，国家或政府或者企业的各个部门也可以存储起来数拍字节的结构化数据。挖掘这些数据，能为你的公司带来无数商机。可是，由于这些数据资源的规模和范围过大，你最好还是先从搜集和分析自己公司的数据开始，摸清大数据分析的门道，而不是一开始就去分析庞大的外部资源。

假如你是一位饮料自动售货机公司的老板，而且你所在的县里就有 200 台自动售货机。你请来十几名司机，按照计划的路线定期检查，以确保每一台机器随时都有饮料供应。时间一久，你的司机就会发现哪些售货机售出的饮料多，而哪些售出的饮料少。对于这些，你也积累了多年的数据，但却找不到任何逻辑清楚的解释模式，为什么有的售货机几周都没将饮料卖完，而在某一两天内却突然就卖空了？

如果我们将一些非传统的数据和那些任我们处理的数据相结合，便会发现一些有趣的趋势，它们就可以帮助我们了解这些变化。比如，假如我们将销售数据与售货机所处位置的天气相结合，便会发现：气温、湿度和降水都能影响饮料的销售情况。这样就能够解释，为什么天气闷热、温度高的时候饮料的销售量会增加，而且通过分析我们也能够证实这一点。

另外，假设大多数售货机都设在商业街、学校和公共交通枢纽附近，如果将销售数据和与发生在这些地方的特殊事件有关的数据相结合，我们就又会发现两者之间有着很大的关联。比如，我们会发现，当学校有足球比赛时，临近高中的售货机中的饮料就会在周末迅速被销售一空。或者，当商业街上有诸如音乐表演之类的大型活动时，在那附近的售货机中的饮料也会迅速销售一空。

通过将传统的数据库与非传统的数据库相结合，我们会发现其中的一些潜在规律。这些非传统的数据库往往非常庞大，因此才催生了"大数据"这个名字，而且它还包含了相关的外部因素，这正是传统数据库所缺少的。这也正是大数据分析的价值所在：它增加了可供我们使用的数据的数量和种类，这样一来，我们就可以通过分析这些庞大的数据挖掘新商机了。

数据分析：企业决战数据时代的关键手段

回到 20 世纪 90 年代，也就是互联网的第一个蓬勃发展期，那时，计算机程序设计员严重供不应求。当时，懂得诸如 Java 之类的最新软件语言的人并不多，然而所有公司都需要有这些技能的人，以建设和动作自己的网站。于是，程序设计员就能在找工作时漫天要价，他们常会有四五份工作可供选择。有人得到的工作特权甚至是你闻所未闻的，比如，公司会租给他一辆宝马车、允许他养宠物、提供工作午餐。在当时，我们把这些人看作 Java 界的摇滚明星，因为那些求贤若渴的雇主会满足他们的一切需求。

2000 年互联网泡沫的破灭让这些人度过了一个艰难的时期，所有特权、股票期权和高收入一下子都化为了乌有。忽然之间，程序设计员的年薪不再稳居 6 位数。这个趋势延续了近 10 年，随着软件越来越先进，也越来越容易使用，越来越多的技术工作被外包给了海外的开发商。

然而，我们正在进入另一个技能上的繁荣期，在这一环境下，我们需要的是能够掌握并有效利用大量数据的人才。越来越多的公司开始利用它们拥有的庞大数据，所以统计和概率就成了我们需要掌握的一门新语言。

大数据革命导致的必然结果是：在接下来的 10 年里，对精通数据处理人才的需求将与日俱增。战略咨询公司麦肯锡通过对数据的研究，于 2011年 5 月发布消息称，2015 年，拥有这些技能的复合型人才将会出现至少150 万的缺口。当市场最需要拥有这些技能的人才时,他们却供不应求。所以，将来，这些人将会凭借他们的技能取得高额的奖金；只要你还能动，就有人雇用你！

DATA CRUSH | 新常态

将来，各行各业的商人都必须懂数据。几乎所有商业决策都得依靠数据分析，特别是在数据的量、速度和种类都在持续增长的情况下。

数据价值：零售业复兴之路

要了解大数据分析的作用，只需从诸如塔吉特之类的零售巨头入手。当其他零售商还在竞争中苦苦求生时，塔吉特却在快速发展。事实上，尽管它经历了几年的大萧条，可是 2002—2012 年，塔吉特的收入从 440 亿美元增长到了近 770 亿美元。塔吉特之所以发展得如此迅速，部分是因为它加大了对消费者的重视和对消费者需求的了解——运用数据分析学来更好地满足消费者的目标需求。

> 关于塔吉特对数据分析学的运用，有一个有名的例子。一个年轻的女孩邮箱里开始收到塔吉特发来的优惠券，优惠的商品包括尿布、婴儿衣服和婴儿坐垫，这些东西很显然是准妈妈才感兴趣的。后来，这些邮件被女孩的父亲看到了，他非常生气，认为塔吉特是在鼓励他的女儿怀孕。于是，他去当地的塔吉特商店找经理理论，那位经理不停地代表公司向他道歉。后来，那位父亲再次找到那个经理并告诉他，自己的女儿确实怀孕了，只是还瞒着自己。这个消息，他竟然是通过塔吉特才知道的！

塔吉特是如何知道那个女孩怀孕了呢？答案就是大数据分析。通过对消费者的消费数据进行分析，塔吉特掌握到，如果某位消费者前后共购买了约 20 种相关产品，那么她就很可能是怀孕了。这些产品有的很明显是怀孕才能用到的，比如晨吐药；而其他产品则不太明显，比如，不含香料的乳液、浅蓝色或粉色的毯子，又或者综合维生素等。但是，如果同时购买这些产品，塔吉特就能准确地判断出这名消费者已经怀孕了。然后，它就会给那些消费者发送有针对性的营销信息、优惠券等。这个例子相当贴切，因为准父母一般都会买很多东西，而且非常愿意把钱花在他们预计需要的东西上。

这个例子还说明，通过广泛的数据分析，公司对消费者的了解程度可以再提升一级，它甚至能掌握消费者行为的动因。然后，公司就能利用这些信息来调整卖给消费者的东西或改变其出售方式，这样就有可能在目标消费者身上获得更多收入和利润。如今，类似的分析完全能做到，而且世界上许多成功的公司都将这种分析作为了其核心竞争力。

DATA CRUSH | **新常态**

如今，数据分析成了公司成败与否的重要区分因素。这些使用数据来了解消费者的公司，会迅速打败它们的竞争者。

DATA CRUSH

第二部分

数据为王，指数级增长下的商业新常态

HOW THE INFORMATION TIDAL WAVE IS
DRIVING NEW BUSINESS OPPORTUNITIES

◎ **场景化**：我每天会收到大约 100 条优惠消息，但很少是基于我的喜好或习惯的。未来 10 年，场景化将成为各公司最大的销售机会。

◎ **社交化**：到 2020 年，社交化将成为消费者忠诚度的主要决定因素，也将是企业收入和利润的主要决定因素。

◎ **量化**：量化成熟度模型能用于辨别企业商业流程结构的好坏以及并判断是否适合外包。

◎ **应用化**：2013 年，苹果手机和安卓手机共有近 100 万个 App，但 90% 都没有什么特别作用。所以，大多数公司的目标应该是开发出那 10% 的重要 App。

◎ **云化**：据 Gardner 集团的分析师预测：2015 年，云计算市场资金将会超过 1.1 万亿美元。2015 年年末，通过云服务，很多公司需至少达到 75% 的数据处理和存储要求。

◎ **物联网化**：伴随着科技的应用，简单的物体也会有场景意识，要么能联网，要么能嵌入一定程度的机器智能。

DATA CRUSH

|第7章|
场景化
从有求必应到预测营销

要在第一时间引起消费者的兴趣，场景是一项重要的决定性因素，于是场景化就成了公司与目标消费者建立良好关系的首要动因。消费者每一秒钟都处在不同场景下，这使得其渴望和需求也在"秒变"。在不久的将来，对消费者有求必应将不再是企业决胜数字时代的法宝。

▶ 租车，低级拼价格，高级拼场景
▶ 何时、何地、何人、何需，一网打尽
▶ 蔬菜连锁店与加油站的共赢模式
▶ 15 分钟网络换 30 秒钟广告
▶ 星巴克咖啡如何缔造传奇

场景化是指：别人提起你的时候，往往会基于你所处的场景。这里的场景指的就是爱因斯坦时空观"在哪里"和"什么时候"。也就是说，一个人在特定的时间和特定的空间下的位置决定了他所处的场景，而这个场景又决定了他对什么样的信息感兴趣，结果会生成什么样的数据。要在第一时间引起数据消费者的兴趣，场景是决定性因素，而场景化成了企业与目标消费者建立良好关系的首要动因。

至关重要的时间和地点

本书的第 2 章引出了场景服务的观念——通过移动设备，我们就能获知在某一特定时间用户所在的地点。也就是说，这些设备就会暴露出用户这两方面相关的信息。这种利用场景服务的过程就叫作"场景化"，而公司就可以通过这个过程持续发掘出一些可提供给消费者的潜在服务。第 1 章提到的用手机上的地图 App 找加油站的例子，就是场景化，在这个过程中，你所处的空间和时间成了你搜索条件的一部分。

直到 21 世纪初，场景化才真正得以实现，因为它需要移动服务公司在其服务架构中加入位置信息，然后再把这些数据透露给外部公司，比如 App 开发公司。这样一来，场景化就能实现它的大部分用途了。而如今，由于智能手机和 App 的使用在世界范围内得到了迅速扩张，所以那些对场景化有所需求和期待的人们会亲眼见证这一技术领域的飞速发展。**随着场景化的进一步发展，一些高级服务会使社会产生的数据量增加两个数量级。**

场景化对数据大爆发的影响不是三言两语就能说清的。我们每个人在世界中的场景都在不断变化。我们不断变换着位置，去上班、去商店，甚至去其他城市或国家。有些人甚至频繁地变换着位置——除了身体的移动外，还有时间上的移动。**若在场景化中加入场景这一第四维空间，那就真的会导致数据大爆发，因为消费者每一秒钟都会处在不同的背景下，这使得消费者的渴望和需求也在"秒变"。**

一家快餐连锁店若想吸引你到他们的某一分店用餐，那么对他们来说，你场景中的"什么时候"和"在哪里"同样重要。若这家店在下午两点时给附近的消费者发一张早餐三明治的半价优惠券，那可起不了多大的作用（但如果你发对了人，也许也会有用）。可是，若在下午两点钟给正好有需求的那位消费者发一张午餐的半价优惠券，那就相当及时了。

因此，通过利用这第四个场景维度、第三个空间维度和时间，我们就有效创造了数万亿次独特的市场机会。然而，这要求各公司意识到这些机会，并能及时记录下来，还能及时采取行动。这就是正在发生的数据大爆发，而对于那些以消费者为中心的公司来说，它正迅速成长为一种新常态。

如果想通过场景化进一步提炼出独特的市场机遇，那么企业还应往其中加入更多维度。比如，当地的气候状况。智能手机可以根据网络上的数据来判断天气，或直接用手机自带的检测设备（比如温度计和气压计）检测天气状况。那么，将这些作为某人的场景又有什么意义呢？如果某人身在气温高达 30 多摄氏度的室外，那你就得给他一张冰拿铁的优惠券，而不是热饮的优惠券了。相反，如果消费者所在的地方正在下雪，那么，你就可以卖给他一杯热巧克力的优惠券了。

另一个迅速流行起来的维度是个人健康数据。如今，人们使用的一系列智能设备和 App，都能记录下与健康相关的数据，比如血压、体温或每日行走距离。这些数据能加深场景化的程度，为各家公司提供丰富的数据集，然后公司就可以利用这些数据来了解消费者，最终将产品卖给他们。**当然，场景中若加入了这些维度，就会导致数据量急剧增加，可是，我们已经说过，对那些想要继续营运并盈利的公司来说，这将是一种新常态。**

场景化导致数据量激增的原因还在于各家公司如何处理这些场景数据。你从消费者那里了解到的每一种特殊场景都有其特殊的应用场景，更何况还会有数十亿个这样的场景。而每一次利用这些场景时，你都可以针对自己的产品或服务提供一项最佳选择。如此，如果你能收集到与消费者场景相关的、足够多的数据，能提供 10 000 种特殊的应用场景，那么你就得相应地做好 10 000 种回应的准备。

> 如果我在曼哈顿某个十字路口旁需要一辆豪华轿车，那么，在那一刻、那一条街上，我就代表着一个特殊的市场。企业只知道这些还不足以形成交易，因为仅仅知道有特殊需求存在是不够的，它还得知道如何回应这个市场。所以，轿车公司不仅需要知道我、在哪里、马上需要一辆轿车，而且还得清楚自家公司所有轿车的停放位置，以便从最近的地点给我调来一辆轿车，满足我的需求。

要利用场景化赚钱，不仅要知道需求的存在，而且还要懂得如何回应那些需求，两者同样重要。理想状态是：有多少种应用场景，就应有多少种特殊的回应方式。如果针对 10 000 种可能的应用场景，我只有一种回应方式，那就没有必要了解所有的场景细节了。结果，导致数据大爆发的，不仅包括消费者产生的数据，还包括你针对每一种应用场景要作出的特别回应。

DATA CRUSH | **新常态**

具有定位功能的智能手机开创了一个场景化服务的市场。在这样的市场中，公司可以利用全球 60 多亿移动消费者的成千上万个场景。未来 10 年，场景化将成为各家公司最大的销售机会。

预先满足消费者的需求

曾在智能手机上使用过地图 App 的人都知道，场景化简直酷极了！有一些 App 能了解我在某个时间处于什么位置，并且知道我的喜好，然后基于这些数据向我提供信息或选择，这些 App 是用户们无法抗拒的。有了这些 App，无论当时我要做什么，都能找到对自己有用的信息。我现在饿了？没问题，App 会告诉我附近有差不多 10 家或 20 家小饭馆；我需要给车加油？只需轻轻一点，地图 App 就能找到最近的五六家加油站；在市中心找不到停车的地方？有 App 能帮助我找到最近的露天停车场！

场景化是一种全新的社交趋势，因为它将消费者的生活分解成了成千上万个个人片段。从每一个片段中，消费者都能发现即时的需求和渴望，从而开创出一个特殊的、有时间和空间限定的市场。而这些市场又能被一些公司精准地定位。由于这些市场具有特殊性，那些能满足消费者需求的公司就能在一瞬间创造出更高的消费者价值。最终，它们会赢得大量消费者。在这个过程中，场景化创造了数不清的新机遇，区别、界定并进而满足了消费者的渴望和需求。

满足消费者的场景需求，只是场景化的开始。随着技术和以数据为基础的场景化逐渐发展，我们也就越来越可能预测出用户将来的专有场景。由此，我们就能预测出消费者将来的需求，继而形成市场"拉力"，而不是"推力"。这样的转变将从根本上改变消费者对于"好的消费者服务"的定义。在不久的将来，对消费者有求必应，将会是企业在市场中走向失败的入场券。当然，消费者也希望公司能预测出他们的渴望和需求。但要记住，从"有求必应"到"预测营销"的这一转变，是依靠对场景数据进行实时分析实现的，而这些场景化了的数据还会继续以惊人的速度增长。

要加入这一场景化了的世界，人们就得牺牲点儿个人隐私。实际上，你愿意牺牲的隐私越多，你通过场景化获得的潜在回报也就越多。有的人会断然拒绝这样的交易；而有的人则很容易就会把这些警告抛诸脑后，一头扎进这场景化了的市场中。这种行为会影响几代人，比如年青一代的移动和社交科技用户对隐私的重视程度就远比上一代人低。这样的世代影响趋势很可能会继续下去，可是"选择加入"场景化浪潮的压力也会逐步上升，因为这些实惠的诱惑对终端用户来说是无法抗拒的。

DATA CRUSH | **新常态**

企业场景化的程度越高，对消费者的了解就会越深，也就越有可能与消费者建立更好的关系。形成良好的客户关系，就意味着公司会从每一位消费者那里获得更多的收入机会和从每一笔交易中获得更大的利润。

私人定制，商业决胜新法宝

越来越多的公司开始挖掘大量数据，但其实它们这么做的同时，也在创造与支持着消费市场中这一大众化定制的新动态。经常使用亚马逊、谷歌和 eBay 的用户会意识到这一趋势，因为这些网站会积极搜集网站访问者的资料，并使用最终搜集到的信息将更多产品卖给消费者，而这反过来又满足了消费者的需求。在这个过程中，这些网站提供的产品好像是为消费者量身定做的。实际上，它不仅能满足消费者当前的需求，还能预测他们将来的需求。

这种以消费者为中心的方法开启了一种新的市场模式：个人消费者市场。如今，消费者在与所有公司打交道时，都期待有一种私人定制般的体验。若哪家公司能做到这一点，就会实现快速发展，其利润也能大幅提高。相反，那些无法提供这些定制化体验的公司将会逐渐被边缘化。同时，它们因无法满足个人消费者的需求与期待，其利润也会消失。

有趣的是，这种有针对性的定位并没有减少消费者从商家那里收到的消息数量——他们收到的信息反而变得更加明确，更吸引眼球了，这进一步加剧了信息超负荷的问题。

消费者数据的剧增激活了个人消费者市场，同时，个人消费者市场又助长了消费者数据的剧增。所以，很多公司如今都变成了存储着大量消费者信息的"贮藏室"，且不得不即时去挖掘与回应这些数据。这样一来，公司对于信息资源就会有大量需求。同时，这种情况还会大大改变那些成功公司的运作方式。

> 公司通过进一步运用场景化，能了解到我要去的城市里有哪些朋友、他们是否能在我到达市中心后来接我，以及他们最喜欢的当地餐馆的名字。这些信息能让营销人员在 30 秒钟内发出几乎是专门为我定制的消息，引起我的注意，最后促使我购买他们的产品（服务）。因为它满足了我即时的、场景化的需求，所以我买他们产品（服务）的

可能性也会大大增加。同时，有了场景化，公司投入的营销资金也会变得更有效。

正因如此，在接下来的 10 年中，公司将会投入更多的营销资金以实现场景化。这种方法尤其适用于移动领域。场景化在移动领域是最有用处的，因为终端用户会不断穿梭于潜在的市场中。**事实上，2012 年，移动市场的花费比 2011 年增加了近 80%，而且，在未来的几年中，其增长速度还会继续提高。**

同样的场景化也会出现在 YouTube 上。在观看那些流行视频之前，你首先得看一段简短的广告。场景化的运用在这里就显得肤浅、老套了，因为它要以你想观看视频的内容为基础。然而，在接下来的几年里，YouTube 很有可能会变得极度商业化，尤其因为越来越多的用户会开始通过移动设备登录 YouTube。**场景化的运用，因越来越可行而变得越来越可能。**

DATA CRUSH | **新常态**

要利用场景化，公司就得做好准备，去搜集、分析和挖掘数据，而这些数据的规模将是空前的，它可能会包括数十亿或数万亿条记录。

产品推销几秒间

场景化的一大连带作用就是它促进了微观经济的发展。我们既然可能记录下每位消费者生活中的分分秒秒，便能够在消费者对我们的产品和服务特别感兴趣的那几秒钟之内将产品推销给他们。如此，当某个特定的消费者在恰当的场景下可能成为消费者（而不仅仅是潜在的消费者）时，公司就能够将营销信息和营销资金投注在那几秒钟上。这种定位营销比传统的市场广告更加有效。**在接下来的 10 年中，场景化营销和微观经济将会成为常态。**

两种趋势导致了微观经济的盛行：首先，达成一笔交易的成本近乎为零；其次，场景化正在创造数不清的交易机会。如果将消费者的时间和地点每结合起来一次就能产生一次消费者购买某一产品或服务的机会，并且实现这笔潜在交易的成本近趋于零，那么这些交易就很可能会发生，且还可能会发生数万亿次。

关于这种趋势，我们已经有了先例。现如今，许多银行都开设了信用卡和借记卡服务，以便使消费者每一笔交易的数额进位到最接近的整数，再将额外的钱转入客户的储蓄账户。如果一位消费者要花 24.83 美元加油，那么这笔交易就会自动进位成 25 美元，然后，那多出的 0.17 美元就会被存入该消费者的储蓄账户。或者，假如我是当地一家蔬菜连锁店的常客，随着我的消费增多，就会获得位于一个街区外的加油站的折扣。这些商家可以即时地将消费者的数据进行同步，以期共同的消费者能形成一个跨地域的市场。

还有的例子是，消费者只需花费他们宝贵的时间看一会儿定向广告，就能获得某种产品、服务甚至现金。在旧金山机场，各个终端上都配备有无线网络，且人人都能使用。但是，用户要通过这个设备连接网络，就必须观看一个时长 30 秒钟的商业广告。这就是现实中的微观经济，我花了 30 秒钟的时间和精力，换得了一项于我有用的产品或服务，即 15 分钟的免费上网时间。

有趣的是，从营销者的角度来看，这些微观经济更加有效，也更加实际。营销者有各式各样的方式可以接触消费者，然而他们却总在寻找一种最划算的方式来影响市场。**微观经济的一大优势就是：它的受众因为能被深刻地了解，所以能被很好地定向，从而使营销信息发挥的作用最大化。**可是，天下没有免费的午餐，公司要想利用微观经济，就必须搜集、处理和加工这些由场景化带来的数据洪流。

在上面关于机场网络的例子中，公司为网络服务埋了单，作为回报，我也看了他们的广告。当这些公司播放广告给我看时，他们对我了解多少呢？他们知道我在旅途中；他们可能知道我坐哪一次航班；他们还知道我在旅途中要使用网络。在进一步运用场景化后，他们还可能知道我的旅行计划，其中包括我的目的地、我下飞机后的安排以及我要租赁哪一家公司的汽车。所有这些信息都可以用来定向我感兴趣的产品或服务。

很明显，这个趋势将会引发新一轮的数据暴增。到那时，50美元的东西只需花10美分就能买到，同时，还能使交易数量一次性地增加500倍。在未来10年，这种数字化的分期付款的购物方法将会变得随处可见。如果消费者能将他们的注意时间分散成秒钟，那就能将这些分散的时间卖给出价最高的广告商。消费者通过一笔又一笔的交易从营销商那里得来的价值都非常琐细。可是，通过日积月累，这些小额交易将会累积成实际的货币或价值。公司通过将消费者对这些数量庞大的微广告的回应纳入其数据库，用以描述消费者的偏好或习惯，就能够进一步改善其广告投入的方式，同时依靠分配到各种销售领域的营销资金，大大增加收益。而最终也意味着，公司产生、存储和分析的数据量会急剧增加。

DATA CRUSH | **新常态**

场景化的一大挑战就是不要给消费者推送一些他们不感兴趣的营销信息。那些通过分析数据更加了解消费者需求的公司，能更好地找准营销点，并在合适的场景下推送给消费者。

场景化成熟度模型

场景化成熟度模型（contextification maturity model）在软件行业已经屡见不鲜；早在 20 世纪 90 年代，卡内基梅隆大学就已经开发出了类似的成熟度模型，供公司判断其内部软件开发流程的成熟度。在这里，我构建起了一个 0~5 级的场景化成熟度模型。这 6 个级别分别描述了场景化波动的复杂度与效力（详见后文图 7-1）。

当公司处于 0 级场景化成熟度水平时，没有场景化；而当处在 5 级场景化成熟度水平时，公司就实现了高度的场景化。图 7-1 中，每一级场景化成熟度水平都代表着效力与复杂度的增加，同样，每一级也代表着信息的进一步生成与使用。

从场景化成熟度模型中我们可以看出，0 级场景化成熟度水平表示匿名交易，比如消费者用现金购买企业的产品。从这样的交易中，企业无从得知消费者的场景，也无法获得相关的交易信息。同样，卖家从这次交易中什么也得不到，它只会知道，至少有一位消费者购买了它的商品。企业或许知道他购买的时间和价格，却不知道他是谁。因此，这些数据点就无法被分配到具体的消费者身上，而在场景化创造的数不清的市场面前也就没有太大价值。

1 级场景化成熟度水平是指：消费者要么使用信用卡或借记卡支付，要么使用会员卡之类的方式支付。这种做法可以让企业了解消费者的场景，不过通常是在对方购买商品之后。一旦交易发生，在同一位消费者身上就会产生新的交易，因此就会生成可供记录的交易历史，并持续下来。在 1 级场景化成熟度水平中，企业可以看到消费者的购买历史，并得以了解一些关于他的习惯或喜好。在 1 级场景化成熟度水平中，企业首先开始将销售信息运用在特定的消费者身上，由此去了解他们。

到 2 级场景化成熟度水平时，企业终于有了场景化意识。企业知道某一位消费者什么时候会在什么地方，有了这些信息后，企业就能对其加以利用。此外，企业对消费者的了解程度也在提升，而且会开始将他的习惯和喜好纳入场景中。在达到 2 级场景化成熟度水平时，企业掌握了有关时间和地点的数据，这些数据对零售区位的选择非常重要。然而，因为消费者具有移动性，所以从每一位消费者身上企业都能挖掘出成千上万的场景信息。这样一来，达到 2 级场景化成熟度水平后，企业就能更有效地满足消费者的扩展需求。当然，也会产生庞大的数据量。

达到 3 级场景化成熟度水平后，企业开始认识到消费者的场景模式，这就便于企业提前锁定消费者。鉴于企业知道某位消费者过去的行为方式，所以就能预测出他将来会有类似的行为方式。这就是利用历史场景化信息来预测和证实消费者将来的场景。此外，企业还可以通过在社会化媒体平台上追踪消费者，获取更多相关的背景信息。有了这些信息，加之更为精细的选择模式，消费者就会开始形成对我们的看法。

达到 4 级场景化成熟度水平后，企业对消费者的习惯已经足够了解，能根据消费者的社会化媒体数据预测其生活模式。企业可能会知道某位消费者本周在波士顿旅行，还知道他在那里有 3 位朋友。基于这些信息，企业可以邀请他们 4 个人去波士顿的一家餐馆用餐，然后给予他们一定的折扣。

到 5 级场景化成熟度水平后，企业实际上是在利用所知的消费者信息同时为企业自己和消费者服务。达到这个水平以后，企业与消费者之间就会形成某种良好的关系，使其以持续购买企业产品和服务的方式为企业所用。从社交方面讲，企业已经与消费者形成了一种先行的关系。企业能够预测他们将来的需求，而且，企业与消费者之间也形成了一种持续的关系，因而对消费者产生了一定的影响力。如今，企业正凭借这种影响力，实实在在地改变着这些需求。沿用波士顿旅行的例子，达到 5 级水平后，企业能掌握关于这几位消费者在各大网站和社交平台上发布的对用餐体验的评论、视频等内容，然后据此来推销企业的商品。

大数据成熟度模型实例

星巴克咖啡如何缔造传奇

事实胜于雄辩，那么就让我们假设一种场景，来阐述一下我的理论模型。假设我喜欢星巴克咖啡，再假设星巴克是一家有远见的公司，它能意识到了解消费者的重要性（它也确实如此），于是，它就会试着来了解我（见图 7-1）。

跳过 0 级和 1 级场景化成熟度水平，假如星巴克的场景化成熟度水平是 2 级，那么，它就会知道我以前的购买习惯。如果我上一年在星巴克买了 15 杯咖啡，它也会知道得一清二楚。它还会知道我购买的是什么，了解我的付款方式（假设我用的是信用卡或会员卡，总之就是 1 级场景化成熟度水平）、我的购买地点（雷德兰兹大道，也是 1 级）。在对我的了解达到 2 级场景化成熟度水平后，星巴克就会知道，假如它给我一张通用优惠券，我就会更频繁地去星巴克消费。

现在让我们假设星巴克已经达到了 3 级场景化成熟度水平，也就是说它掌握了我的场景，知道我什么时候在哪里、我是谁以及我有什么喜好。场景化成熟度水平达到这个级别后，星巴克就能知道我什么时候会开车路过雷德兰兹大道的那家星巴克咖啡店，那时，它就可以给我一张即时优惠券，以便我 15 分钟后开车经过那儿时使用。有了这些信息后，再加上星巴克的即时回应，星巴克就可能从我身上赚到更多的钱。大多数零售商的习惯性做法是使用会员卡，3 级场景化成熟度水平意味着他们可能在会员卡之上又有所进步，而且还可能会从智能手机上的各种新 App 中获得好处。这些 App 能给销售商提供信息，帮助他们掌握消费者的场景习惯。

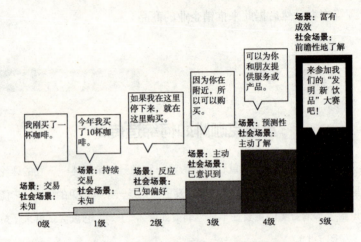

图7-1　星巴克咖啡场景化成熟度模型

现在，让我们升级到 4 级场景化成熟度水平。达到这个成熟度水平后，星巴克就能预测我的需求，很可能还在我意识到它们之前。既然星巴克能追踪我的时间和地点，那么，星巴克的员工就会很容易发现我在每个工作日的早上 7：30~8：00 之间会开车经过雷德兰兹大道。掌握这些信息以后，他们就能预测我将来的场景，并据此向我提供服务。如果他们知道我每天大概那个时候会开车经过，那么为什么不在每天早上 7：15 给我发一张有效时间到 8：00 的优惠券？或者，如果我 7：30 收到了优惠券，那么他们就可以准备好咖啡等着我去？当星巴克有了一些场景数据后，每天再对几个拍字节的数据进行分析，它完全可以做到这个级别的服务。

最后，星巴克会全力以赴达到 5 级场景化成熟度水平，即社交场景化。那么，也就是说，一旦我使用社会化媒体，星巴克就能"监控"我，从而更进一步地了解我：我是谁，我喜欢什么，为什么喜欢，我有哪些朋友，他们分别喜欢什么、不喜欢什么，等等。**5级场景化成熟度水平意味着更深层次的消费者亲密度—— 一种侵入式的亲密。而且，这是对消费者来说非常重要的亲密度，有了这种亲密度，他们才愿意牺牲自己的隐私来换取利益。**

所以，在这个例子中，5级场景化成熟度水平就意味着星巴克知道我的4位好友也经常去雷德兰兹大道那家咖啡店，其中一位去得早一些，两位去得晚一些，还有一位和我差不多同时去。星巴克知道我们每个人喜欢点什么（我喜欢点超大杯的black eye咖啡，能够加牛奶，比正常温度稍凉一点，再放一块怡口糖、一些香草和豆蔻）。最重要的是，它还能根据我们与星巴克的进一步互动，知道我们每一个人对星巴克的看法。有了这些信息后，雷德兰兹大道上那家星巴克咖啡店就能提前对我和我的朋友们进行分析，然后针对我们喜欢的产品分别给予我们折扣。此外，如果我们在Yelp、Facebook或其他社交网站上给予其高评价，那么他们还会酬谢我们，让我们享受更好的体验。

在5级场景化成熟度水平下，每家星巴克咖啡店里都会开展一场"创造一种新口味"的竞赛。在这一竞赛中，每一家店会邀请一些最可能消费、也最容易展开互动的消费者，这些消费者每人可自创一种新的咖啡口味。赢得比赛的人会获得一些奖金，同时，他创制的咖啡还会被加入星巴克的菜单。此外，他的贡献还能得到大家的认可。这可能就是接下来的10年里公司要追求的、深层次的消费者承诺。

这些例子或许看起来太过牵强、荒谬，又或者对于其他公司来说太过复杂，可是这种程度的消费者承诺和这种程度的场景化如今已经成为可能。所以，你的竞争者可能已经达到或者正在达到5级场景化成熟度水平。你必须要去分析自己的业务和目标消费者，并试着去分析如何运用5级场景化成熟度水平去服务你的消费者。如今，全球已拥有将近10亿部智能手机，我建议你快点下手，因为这个领域的创新机会往往稍纵即逝。

那么，为什么要实现场景化？加入这上万亿个市场中的其中一个市场就真的能增强企业的市场支配度吗？消费者真的能忍受大量的营销信息吗？时间会证明一切。可是最近，所有证据都表明，对这两个问题的回答是肯定的，而且非常肯定！看看其他成功的公司，比如亚马逊、塔吉特，还有星巴克，这些就是你要的证据，它们足以证明场景化将是未来10年商业竞争中的变革者。

或许你会想，亚马逊并不是你的竞争者——你不卖书，更不卖电子书，所以，你无需担心亚马逊发展得如何。这些想法都没错，可是你的很多消费者都会在亚马逊或 eBay 上买东西，也大多是谷歌或雅虎的用户。当消费者在从亚马逊那里获得良好的消费者体验后，他们也会希望从你那里获得同样的体验，哪怕你并不会在同样的产品和服务上直接和亚马逊竞争。

事实上，像亚马逊这样的创新者已经为所有公司都设定了规则，明白这一点非常重要。即便你身处某个 B2B 的行业，不直接与终端用户接触，你也需要认识到这一影响。你将产品或服务出售给其他公司的同时，那些公司的员工本身就是诸如亚马逊一类公司的消费者，作为消费者，他们对你也会有同样的期待。

DATA CRUSH

新常态

场景化需要企业对消费者不断变化的需求作出即时回应。为了保持竞争力，企业必须重组流程，确保能够自动回应这些单一市场。这就意味着那些面向消费者的商业流程一定要在没有人工介入的情况下执行。

企业还要意识到，要对消费者的场景化作出回应，比起获取消费者数据，要付出的努力更多，还要生成更多数据。企业的商业流程必须重组，以承载这庞大的工作量和即将生成的数据量。

DATA CRUSH

第8章

社交化

个性化、参与感与侵入式亲密的建立

社会化媒体已经从一种技术创新演变成了一种生活习惯,从一种新的交流方式演变成了一种生活方式。在这个联系紧密的世界里,"好事不出门,坏事传千里"。参与感正逐渐变成一种社会契约,极大地影响着企业的消费者忠诚度。

▶ 赛百味:投其所好不如引导需求
▶ 从差评走向亲密
▶ LinkedIn:不只帮你找工作,还给你报酬

20世纪 90 年代以来，很多公司都曾运用科学技术来加强对消费者的了解。这就促进了一类新软件的形成，即 CRM 系统，它能帮助公司更好地了解消费者，从而与消费者建立良好的关系。20 年后的今天，几乎所有公司都在使用 CRM 系统。它从简单的联系人数据库演变成了极其复杂的系统，记录着消费者的购买情况、网站访问量、呼叫客服中心的次数或其他信息。除去成本和灵活性外，所有 CRM 系统都拥有同样的目的：增加公司对消费者的了解度，与消费者建立更进一步的关系。

有趣的是，大多数公司的 CRM 系统并不像传说中那么给力。这些系统既然能够记录大量的消费者信息，也必然会受到信息类型的制约。比如，企业虽然能掌握某一位消费者的购买信息，然后利用这些数据加深对他的了解。可是，仅仅凭这些购买记录就能掌握一个人的需求和价值观吗？网站访问历史能让企业从情感上去了解消费者吗？或者，还有更好的方法来与消费者建立良好的关系吗？

如今，社会化媒体已经从一种技术创新演变成了一种生活习惯，从一种新的交流方式演变成了一种生活方式。社会化媒体带来的变化在规模和范围上都是无法被明确界定的，然而，毫无疑问的是，有朝一日，它的影响会超过互联网。社会化媒体影响着我们生活的方方面面，而我们在生活中对社会化媒体的运用，也就是我们的社交化，将会决定未来几十年的社会发展。

社交化引爆参与感

社交化是我们广泛地、即时地与外界联系的结果。如 Facebook 和 Twitter 之类的社交网站，使我们每一个人都能加入数字"部落"；群成员从几十个增加到几百万个；人们可以在这些部落里分享社交兴趣，建立良好的关系。于是，从根本上讲，社交化就是人们加入一个或多个这种部落。**加入部落也就意味着个人化（personalization）的增强，因为在加入部落以后，人们就会认识我，知道我的喜好、愿望、梦想，以及其他一切我迫切想要与他们分享的信息。**

社交化也意味着个人参与化（participation）的增强，因为社会化媒体从本质上讲就是一条双行道。它让参与变得好像成了一种社会契约，这正是部落所希望的。最终，个人化和参与化这两种趋势形成了社交化的第三大特征：融入（engagement）。我们在数字部落里吐露心迹，与一大群人交流想法，如此，便能和他们打成一片。这让我们有了存在感，所以它的力量不容小觑；而且，它或许就是社会化媒体和其他网络行为相区别的主要不同之处。

定制营销信息，"拉动"消费者需求

如果你怀疑这种存在感的力量，不妨看一看社交平台在全社会的受欢迎程度。之前我也提到过，2012 年，Facebook 的用户已经超过了 10 亿，而且不久之后将会达到 20 亿。**Facebook 的用户"超能联系""超能回应"，所**

以也"超能融入"。这里的"超能融入"是指：一旦某人有什么话要说，他立刻就能够说出来，甚至都不用多想。而且，他会第一时间让数百万人知道自己想要说的话。当然，这些人都与他同在一个部落，都是对他有所影响的人。

很显然，我们不能夸大 Facebook 或 Twitter 的潜在影响。在这个联系紧密的世界中，一旦消费者不满意，他就会第一时间发推文来抱怨你的服务，而且他的推文可能会被成千上万人看到。这条推文被成功发送后，数据部落里可能会有几十个人来回应他：有的人会支持他的说法，有的人则会反对他的说法。这样一来，就形成了一次对话，而他们的对话则会严重影响该"部落"对你公司的看法。当然，你肯定也清楚：**在这个联系紧密的世界里，"好事不出门，坏事传千里"**。

这就让那些拥有较少可追溯资源的公司面临着名誉受损的潜在风险。所以，许多公司如今会雇用专业的营销专员，专门负责监控诸如 Facebook 和 Twitter 等社交网站上的差评，然后尽快对每一位消费者的不满采取应对措施。很自然的，这就要求公司去搜集并利用这些网站创造的数十亿条信息。**对此进行有效的监控与回应，是对许多公司营销能力的一大考验。然而，未来 10 年，能否做好这些是衡量公司成败与否的关键**。

场景化实质上改变了公司与其消费者之间的关系。如今，关系维持的重点在于卖家，因为卖家正试图将产品和服务卖给消费者。这是一种"推力"策略，就是面向所有既有的和潜在的消费者发送营销信息，希望其中一些信息能被传达到想要购买其产品或服务的消费者那里。

相反，在一个社会化的世界里，消费者会成为"卖家 - 消费者"这一关系体的核心。其中，卖家会通过场景化对消费者产生更深层次的了解，然后基于这些了解为消费者量身定制一些营销信息，并以非常私人的方式鼓励消费者购买它们的产品和服务。这种方法形成了一种对消费者的"拉力"，而不是对卖家的"推力"，也为消费者带来了更为满意的购物体验。同时，这种方法给卖家创造了更多利润，同时也让买卖双方的关系变得更为牢固。

这种公司与消费者之间的深厚关系，也体现在赛百味三明治和它的代言人杰尔德·福戈尔（Jared Fogle）身上。杰尔德声称自己在一次节食中瘦了约90千克，而在此期间他吃的食物基本上就是赛百味三明治。于是，赛百味就将他的故事作为健康饮食信息的一部分展示给了消费者。杰尔德成了赛百味的唯一代言人，因此出了名，并净赚了1 500万美元。由于场景化的出现，公司与消费者之间的这种赞助式关系将会变得随处可见。

在不久的将来，如赛百味之类的公司不只会赞助一个杰尔德，而且会赞助成千上万个"杰尔德"。他们将会吸引更多想要减肥的消费者，并通过网络社区追踪他们的减肥进程。当他们的节食达到一定水平后，这一"杰尔德"大军就会得到赞助公司的奖励——对某些产品或服务的折扣。这些人中，或许没人能赚到像杰尔德一样多的钱，可是他们只要积极地在社交群体中活动，就能从赞助公司那里获得成百上千美元。

采用此策略的公司收到的投资回报将会是巨大的。接下来，他们不会把上百万美元资金投资在一个杰尔德身上，而是将其分成若干小份，去投资上千个"杰尔德"。如此一来，这群人就会创造几百个成功案例。与此同时，他们还会鼓励更多消费者参与进来。这样一来，公司花费的总营销资金差不多是一样的，由于一大批消费者的参与，它产生的影响非常大。

然而，值得一提的是，如果世界上出现了几千个"杰尔德"，那么这个体系被滥用的风险就会加剧。只要有钱赚，人们就会想方设法地欺骗这些公司。如果赞助这样一个没有价值、满嘴谎言，甚至已经构成犯罪的人，对于任何公司来说都具有很大的潜在危险。于是，公司不得不花费大量精力去调查被赞助者的背景。他们必须实时监控通信系统，并在发生过失的第一时间采取补救措施。这就是与数字群体建立良好关系的代价，然而，它将来带来的收获显然会比这个代价多。

这一例子表明，社交化也意味着公司必须掌握大量的消费者数据。所以，仅仅在消费者生日当天送上优惠券还不够，公司还要实时"监控"每一位消费者，并寻找机会与该消费者建立亲密的关系。在赛百味的例子中，如果这些减肥者中的一位成员在 Facebook 上说自己需要吃高热量的食物，比如几个芝士汉堡，赛百味就需要及时看到这条消息，并马上作出回应——向消费者发送一张针对某低热量的赛百味食品的半价优惠券，以防止他"走回头路"。

这个例子还说明，赛百味形成了一个对几千甚至几万个社区成员的消息进行监督的机制，以对他们进行实时监督，及时寻找机会与他们建立良好的关系。当然，这样一来企业要监督的数据会非常庞大（别忘了，Facebook 每天会产生超过 600 太字节的数据）。而直到不久前我们才能有效地使用高级语言识别工具从这些数据流中提取出有用信息。

DATA
CRUSH

新常态

要意识到，社交化需要对大量数据进行搜集、分析和运用。而且，这些数据最好是实时的，这就对 IT 技术和公司的业务流程提出了极高挑战。此外，根据特定业务的法律法规，这些数据一定要被存储起来，以备不时之需。因此，企业要意识到了这些挑战，并能相应地调整投资计划。

维基百科上的 5 亿条目

如果有人质疑人们是否会免费贡献出自己的时间、兴趣和知识，那么不妨看看维基百科。截至 2013 年初，维基百科共上传了 400 万个话题的最新内容，这些内容是由几百万个志愿者贡献出来的。他们并没有获得任何报酬，这样做也并非出于经济原因。最重要的是，这些志愿者在维基百科上开创了 5 亿多个条目，有力地证明了社会志愿者的力量。

但这并不是说公司不该给那些尽绵薄之力的人报酬。相反，**时不时地发放一些非现金奖励，就有可能让企业从那些被吸引的用户身上获取重要的价值。**（在第 18 章讲"众包"观念时，我会介绍公司该如何利用这个过程来获利。）

让消费者上瘾

在第 7 章中，我们介绍了因场景化的引进和发展而形成的微观市场。在这里，我所说的"最近市场"（proximate market）其实就是快速发展中的微观市场。在法律上，事件的起因有两种：实际起因和近因。顾名思义，实际起因就是实实在在导致某件事发生的起因。如果一个人被车撞伤了，那么他受伤的实际起因就是他被车撞了这一事实。相比之下，近因就是促成实际起因的因素。比如，这个人虽是因为被车撞了才受伤，但他受伤的近因是司机当时正在发信息而没有看路。

司机的不专心并不是你受伤的实际起因，可如果司机专心注意路面情况，那么事故就不会发生，这就是法律上常见的"若非"起因。在"若非"起因中，如果不是司机出现了疏忽，事故就不会发生。所以说，发消息是你受伤的近因；而被车撞则是实际起因。

这些都与微观市场有关，因为近因或最近影响都将会成为一种公司与消费者之间相互作用的新经济。如果一位消费者、合伙人或其他人等诱导另一位消费者购买了某种产品或服务，那么这笔交易的促成者就会希望自己在事后也能够得到一定的报酬。此外，如果某人在 Facebook 上写了一篇精彩的评论——夸某个卖家的产品好，那么他也希望能得到一定的回报。

"最近市场"的例子不胜枚举，而且，未来它们还会迅速蔓延，并影响宏观经济的方方面面。我们在讨论场景化的时候曾提到过，消费者在每一次利用"部落"和社交影响推动公司的议程时，都能促成一笔小额交易。采用这种新型广告方式的公司会发现，如果消费者在数字"部落"中对自己产生了积极的影响，那么小额交易就成为一种回报，而它的效果会远远大于那些由传统的大众市场广告所产生的效果。

利用"最近市场"和影响力营销的机制虽然已经足够宏大，但该机制仍然在迅速增长。那些具有前瞻性视角的公司不仅会采用这一模式，还会在竞争中脱颖而出，同时能够充分利用社会化媒体的上瘾特性和消费者对归属感的需求来创造商机。

社交化成熟度模型

和场景化一样，我在此也将社交化成熟度模型（socialfication maturity model）分为 0~5 级（详见后文图 8-1）。在这一模型中，每一级会以上一级为前提，其驱动力是与消费者建立良好关系的程度。在 0 级社交化成熟度水平时，消费者会进行匿名交易，所以企业无法获得任何关于消费者喜好或消费习惯的信息，也就没有机会与他们建立良好的关系。当处在 0 级社交化成熟度水平时，消费者与企业就像在夜里"擦肩而过"的船只。对于企业来说就是：消费者虽进行了交易，可企业对该购买了自己的产品或服务却一无所知。

当处于 1 级社交化成熟度水平时，企业可以通过消费者使用会员卡和信用卡的情况，以及根据消费者在社交网站上为企业点"赞"或"加我为好友"的情况，记录下他们的习惯和喜好。企业既然能与某位消费者进行这些交流，就能描述他的喜好，然后向他推送专门的营销信息。如果你的公司目前还没有达到这一级水平，那么你可能还不清楚从 Facebook 上提取信息是怎么一回事。

当达到 2 级社交化成熟度水平后，企业就能对消费者的需求作出回应了。这就说明，这家企业正在对自己的网站或其他网站实施监控，并从中寻找关于企业的评论。企业的网站最好能允许消费者以在线博客或其他社会化媒体的形式进行交流。或者，企业会去检索 Facebook 或 Twitter 上的信息，以寻找与企业、企业的产品或服务相关的评论。一旦某个评论中提到了你的企业，那就说明你受到了一定程度的关注，只要你认为这条评论是准确的，便可针对这条评论采取行动。评论有好有坏，可不管怎么样，只要有评论，你就得作出回应。

如果你的企业目前还没有达到 2 级社交化成熟度水平，那么你现在可能正处在麻烦中，因为，没有达到 2 级水平可能就意味着你的消费者正在对你议论纷纷，而你却浑然不知。成百上千的消费者正推动着你的品牌认知度，却不是在你的引导下——你在其中没有起到丝毫作用。**这些评论有可能会严重损坏企业形象，但也可能会引发产品创新。不管怎样，如果你不加入这些平台，就无法回应这些消费者，更别说参与他们的讨论了。到 2013 年，2 级社交化成熟度水平已经成为社会化媒体的生存保障。所以，企业至少要达到这个级别。**

　　到了 3 级社交化成熟度水平后，企业就会开始主动与消费者建立联系。企业会通过追踪消费者在社会化媒体上的交流情况，形成对消费者喜好和观点的了解，最终，通过定向推送营销信息，重塑消费者的评价，使之对自身更有利。积极进行社交化，就意味着企业要将社会化媒体数据与企业的操作数据相结合，在消费者与企业进行每一笔新交易的同时，与他们建立起良好的关系。

　　如果你的公司是一家航空公司。你遇到一位非常挑剔的乘客，而且她在社会化媒体上非常活跃，这时，你就可以提前掌握她的动向，并赶在她发布消极评论之前改善她的消费者体验。可见，3 级社交化成熟度水平是一个非常有力的机制，它能帮助你维护公司形象。

　　当企业处于 4 级社交化成熟度水平时，就会对消费者产生足够的了解，并开始预见如何与消费者建立良好的关系。

　　比如，一位消费者在 Facebook 上对其中一位朋友或者亲戚说自己将会去拜访他，那么，航空公司就得注意这条信息。如果该消费者马上要订票，那么航空公司就得基于消费者发送的那条信息向他提供一张折扣机票。这样做，航空公司不仅能避免让消费者产生负面情绪，还可以通过预测并满足消费者的需求，让消费者产生正面情绪。在达到 4 级社交化成熟度水平后，消费者承诺会逐渐变成消费者亲密度，而这种亲密度不仅能创造品牌忠诚度，还能大幅提高企业利润。

　　在企业达到 5 级社交化成熟度水平后，它与消费者之间的关系就会变得多样起来。也就是说，企业能让消费者参与到各种的活动中来，将消费者作为一名"虚拟员工"，每产生一次工作成果都能得到报酬。仍以航空公司为例，航空公司甚至可以付费让某位乘客写一篇积极的评论或旅行日志。有了这层关系后，企业就能创造一种与消费者之间的共生关系，继而让消费者形成良好的品牌忠诚度。

LinkedIn，不只帮你找工作，还给你报酬

LinkedIn 的成长可以很好地印证社交化成熟度模型。LinkedIn 是全球最大的职业社交网站，职场人士可以根据自身的经验、兴趣和商业需求在该网站上相互交流。这是一个大获成功的网站，它在 2013 年初就已经达到了 4 级社交化成熟度水平。下面，让我们看看当用户分别处于这 6 级社交化成熟度水平时，消费者是如何与 LinkedIn 进行交流的（见图 8-1）。

处于 0 级社交化成熟度水平时，我也许只是浏览 LinkedIn 的网站。我并未与 LinkedIn 和它的其他用户建立联系，我进入 LinkedIn，只是为了进行一些交易。或许，我只是去找一些离自己的家很近，又能为自己解答一些商业难题的人。LinkedIn 允许这一类匿名交易，至少这些人的用户档案是公开的。所以，如果我进行的是这一类搜索，那么我至少会寻获某些结果，而交易也能得以完成。

处于 1 级社交化成熟度水平时，我在 LinkedIn 上会拥有自己的账户，可是在个人资料中并没有填写任何背景信息。一旦有了个人账户，LinkedIn 就能记录我在该网站的活动，并对我进行进一步的了解。我在浏览和搜索网站以及运用 LinkedIn 支持的其他功能时，LinkedIn 就能知道我在寻找什么或者我可能在寻找什么。然后，它就会将合适的内容推送给我，从而形成一种单向交流方式。

到 2 级社交化成熟度水平时，我完善了个人资料。通过分析我的个人资料，LinkedIn 会知道我工作、学习和生活的地方，等等。然后，LinkedIn 就会利用这些背景给我发送相关的内容。一旦 LinkedIn 开始根

DATA
CRUSH

据用户的个人资料向用户推荐其他想与之建立联系的专业人士，那么用户就会意识到自己与LinkedIn已建立起了良好的关系。

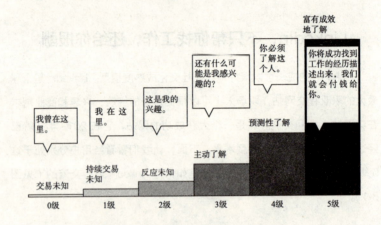

图8-1　LinkedIn的社交化成熟度模型

处于3级社交化成熟度水平时，LinkedIn就会开始寻找机会主动将我社交化。基于我的个人资料和我已经建立起的联系，LinkedIn会向我介绍其他人（如朋友的朋友），它还会根据我的兴趣向我推荐其他我可能感兴趣的群体。随着LinkedIn开始为我建立一些我自己从不曾建立的联系，LinkedIn与我的这种关系会增加我从中上获得的价值。

在达到4级社交化成熟度水平后，LinkedIn会针对我形成一套越来越精细的定向模式，它会利用这种模式向我推荐一些潜在的服务（即LinkedIn的业务伙伴），而且它们完全处在我现有的社交圈之外。对我的这一分析，可能着眼于我的兴趣和我加入的群体，当然也还可能与其他数据资源有关，比如我在亚马逊上买过什么书或者在谷歌上搜索过哪些公司。LinkedIn将这些信息聚集在一起，就针对我形成了一套精细的模式：我是谁、我喜欢什么、会看重什么。然后，它会再以一种预测性的方式将这些信息推送给我。正如之前提到的，LinkedIn的一些特征表明它已接近了这个程度的社交化，据我估计，在向5级社交化成熟度水平迈进的过程中，LinkedIn 会更加全面地利用这一水平的社交化成熟度。

再举另外一个 4 级社交化成熟度水平的例子，让我们看看 LinkedIn 是如何向诸如亚马逊等零售商的消费者提供服务的。我虽已发现 LinkedIn 经常根据我的兴趣和社交关系向我推荐一些书，但如果我接受 LinkedIn 的推荐——从亚马逊上购买了那些书，那么 LinkedIn 就会得到一笔推荐费。这就是具有预测性的、达到 5 级社交化成熟度水平的 LinkedIn 为其用户创造的关系。

LinkedIn 在达到 5 级社交化成熟度水平后会什么样呢？5 级社交化成熟度水平表明的是网站与用户之间形成了互惠互利、形式多样的关系。LinkedIn 的用户会有不同的拆求，只要其中一个诉求是"跳槽"，那我们就能预见 LinkedIn 会通过人们在网站上的交流，将那些成功换了工作的人们识别出来，然后付钱给他们，让他们公开写出自己的故事，以说明 LinkedIn 是如何帮助他们找到工作的。这样一来，用户就会通过写出自己的故事而获得报酬，而 LinkedIn 也得以与其他用户分享这一乐事。当然，关于这种模式如何展开的例子有很多，但这正是 5 级社交化成熟度水平的要旨。

DATA CRUSH

假设超过 17% 的人类都在使用社会化媒体，毫无疑问，这种现象已经而且还会继续影响社会的方方面面。实际上，从社交化成熟度模型中体现出来的社会化媒体的影响是有目共睹的。既然社会化媒体是社会现象中的显著特征，我们将会看着它们一步一步成为人们的日常消耗品。**那些采取适当措施挖掘消费者与数字部落关系的公司将会从每一个人身上获取重要的价值，而消费者也乐意如此。那些没有利用社交化优势的公司将会逐渐被边缘化，因为消费者对它们的忠诚度将会被竞争对手吞蚀。**

DATA
CRUSH

新常态

企业所有面向消费者的业务流程就算达不到 4 级社交化成熟度水平，也至少要达到 3 级水平。同样，企业所有面向员工和供应商的业务流程至少应达到 2 级水平。

到 2020 年，企业的社交化成熟度水平将成为消费者忠诚度的主要决定因素，也将是收入和利润的主要决定因素。

DATA CRUSH

第9章

量化
流程至简，以外包换取更大结果

数据激增的另一大影响就是，受当今商业流程的速度、规模和范围的影响，流程自动化将成为一种必然。而量化成熟度模型则可以用于讨论企业的商业流程结构是否良好以及是否能被理解，以此来看它是否适合外包。

▶ 纽交所交易量：从 114 亿股到 4 440 亿股
▶ 美国商业产量 50 年增长了 3 倍
▶ "现收现付" 服务的终结
▶ 外包，企业量化的集大成者

在我参加工作之初，主要帮企业流程改造做顾问。20世纪90年代，我曾帮许多公司分析过它们的商业流程，并帮助它们找到了提高商业效率的办法。我给客户们提出了许多建议，其中包括减少一些步骤、放弃过多或者不必要的审批步骤、将工作成果流程化以及排除后期的质量评审和返工等。在那时，流程改造是商界的一个热门话题，而我也从中学到了很多关于流程运作的知识，并知道了该如何使它们更好地运作。

我学到的其中一件非常重要的事就是，**大多数商业流程都包含几个步骤，但是这些步骤事实上几乎并不具有商业价值，它们反而会减缓整个流程，而对最终成效也不会产生什么积极影响。**另外，大多数流程都可以被分解为一系列子流程或子步骤，而每一个子流程或子步骤都能创造出一个或几个可以对总流程产生影响的重要结果。

比如，你在制造一辆汽车，那么你就需要4个轮胎来完成这项工作。有一整套商业流程都在支持这4个轮胎的制造，可是你唯一感兴趣的是这些流程的结果，也就是被你投入商业流程的4个轮胎。

这样一来，这些轮胎的制造方是哪家公司对你来说可能就没有多大关系了，因为你想要的只不过是尽可能以最低的价格买到能满足你特定需求的轮胎。要做到这一点，就有必要列举出全面而详细的参数，以规定你对轮胎的要求，比如高度、宽度和胎面花纹之类的。总之，你要列举出所有符合自己要求的参数，以供制造商参考。我把这叫作对结果的规格量化过程。

在物理学上，量是一组有着特定特征的能量。光量子是一个有着特定能量、特定波长和特定频率等的单个光子。每个特定的量都要求我们全面描绘这个光量子的特征，从而去理解它。物理学家们会说，这种定义没有考虑到爱因斯坦的不确定性原理，即我不能完全确定一个粒子的全部特征和位置，这其中或多或少还有我所不能确定的东西。这种不确定性同样适用于商业流程。**在商业流程里，量化就是将企业的商业流程精简为一些投入与输出单位，而且这些投入与输出还可以与其他相似的量进行互换。**

因此，若企业要进行有效的流程管理，量化就是非常必要的一步。如果将企业的商业流程看作一系列相关的步骤，且每一个步骤都会产生特定的业务量，而它还会影响整个流程的最终目标，那么要想让企业的商业流程变得可预测、可测量、易管理，就必须对这些起作用的商业产品进行量化。有趣的是，某个商业流程或子流程是否能成功外包出去正是由这些特征决定的，所以我们的兴趣点常常会落在成功进行量化上。

DATA CRUSH | **新常态**

回顾一下你的公司最近与流程再造相关的历史。如果过去 5 年来，公司的大部分流程都未经过重新评估和设计，那么你首先得这样去做。你要记住：公司的目标是实现突破性改进，而不是增加收益。

外包，量化的结果

包装后的商品正是量化的结果。一个包装后的商品，其所有的相关特征都是众所周知的，而且它还能满足预定的规格。如果这种商品符合了这些规格，那么它就能对设计好的商业流程起到积极作用。

继续说轮胎的例子。有一次，我指定要一批直径约为 43 厘米、宽为 21.5 厘米且胎面花纹要适用于冬天使用的轮胎。我可以采购到符合该规格的轮胎，这每一个轮胎就成了一个商业量子，因为它们都是具有商业价值、符合特定要求的物品，而且能帮助创造出具有更大商业价值的商品（汽车）。

一旦某商品进入包装阶段，就会出现两种可能：要么由你的公司来生产它，要么由其他具有必要技能和能力的公司来生产它。实际上，你商业流程中的大多数产品若由其他专门化的公司来生产会更加有效。这就是过去 10 年来推动外包业务发展的力量。

DATA CRUSH | 新常态

针对企业应将整个商业流程外包给何处的问题，企业只需看看市场是否得到了发展，是否可以让供应商代自己提供某些流程片段。随着这些市场的发展，企业应该将自己的部分业务外包给它们，并优化承包方，从而提高自身的效益。

维持供应链的平衡

如此一来，我们就能实现数据在商业领域的不断增长了。由于我们必须记录下与每一笔业务量有关的数据，所以量化也就必然会助长这一趋势。

尤其是在业务被外包给其他方时，这种说法就显得更加准确了，因为这些业务是企业整个业务和流程的一部分，企业必须监控它们的生命周期。当**外包业务减少时，企业就得对那些从外部采购得来的产品和监控得来的数据提高警惕，同时，还需要正确安排外包结果的交付。**所以你必须确保自己的流程有稳定的输出供应，同时还不能有过多的囤货。

要维持这一平衡并不容易，这就是过去 20 年来地位日益凸显的物流科学。随着商业流程的加速，物流的重要性也逐渐显现出来，因为在维持供应链的过程中，任何差错都可能会导致巨大的代价。我之所以将供应链中的物流管理看成是对结果的一种和谐编排，是因为有时候它比科学更具戏剧性。那些尤其擅长产品编排的公司能在竞争中体现出实实在在的结构优势。因此，我们值得花费大量时间和精力去争取这样的结果，而要做到这些，量化过程中产生的数据功不可没。

新工作范式：作为过程的管理者，而不是参与者

数据激增的另一大影响就是，在当今商业流程的速度、规模和范围的**影响下，流程自动化将成为一种必然。**人们会手动填写、修订、核实、处理订单、发票等，并将其归档；会参与商业流程中的每一个环节。从 20 世纪 90 年代到 21 世纪初，商业流程自动化软件被大量运用，这使得人们不必每天与纸张打交道。这些软件将商业流程的路径和规则编成了自动运行的系统，一旦将新的商务交易导入这些系统，它们就能从头到尾地将其完善。有了这样的自动化系统，商业流程就能更加快速而精准地运行，且成本变得更加低廉。自 20 世纪 80 年代以来，各公司共投资了几十亿美元来开发商业流程自动化软件，而这就是它们获得的根本利益。

　　纽约证券交易所的发展就是这一过程的范例。自20世纪80年代以来，纽交所投入重金以建立自动交易系统——该系统可以自动操作股票的买进与抛售，以及调节贸易公司后端系统中的交易。在实现自动化之前，调节这些交易需要花几天时间：人们不仅要手动检查每一笔交易的准确性和稳定性，还要维持每家公司股票投资组合的累加值。而实现自动化以来，纽交所的交易量从1980年的114亿股增加到了2010年的4 440亿股（见图9-1），年平均增长率达13%。

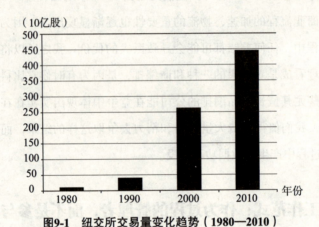

图9-1　纽交所交易量变化趋势（1980—2010）

资料来源：纽约证券交易所。

流程自动化

　　过去20年来，几乎所有商业的量和速度都通过自动化实现了急剧增长。图9-2展示了美国1959—2012年的生产力增长模式，自20世纪60年代以来，美国每一个员工的生产力和经济产出都已增加了两倍。在这个信息时代，计算机也开始以更加透彻而有力的方式融入经济中来。可以说，正是计算机的融入才使得美国员工的平均产出增长了两倍。

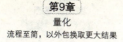

图9-2 美国生产力增长情况（1959—2012）

资料来源：U.S. Bureau of Labor Statistics.

　　截至 2010 年，随着商业产出的增长，人工操作已无法有效地完成整个商业流程。于是，人们便化身为这些流程的管理者，以监督这些自动化流程的实施，而不是亲自执行。**如果某一笔例外交易没有按自动化流程的规则进行，而我们又得正确处理好每一笔例外交易，那么人工介入流程的做法就必不可少。但是，由于每一笔例外交易的解决方案都有规则来支配，所以我们就可将这些规则编入自动化流程中，以确保将来在没有人工介入的情况下也能处理好这些问题。**

　　反复定义新型商业规则的做法对于持续优化新型商业流程来说至关重要，因为它能确保这些流程准确地处理日益增长的交易。另外，人们的角色开始变成流程管理员，以确保这些流程能准确运行，并在出现例外时能够及时处理。

　　这一趋势足以表明如今几乎所有公司的消费者服务体验。如果你给某家公司的客服打电话，会发现自己走进了一个迷宫，这个迷宫里满是机器生成的问题，而这些问题正好与你的疑问或质疑相似。你导入这个系统中的信息越多，该系统就越能更好地在没有人工介入的情况下解决你的问题。**不依靠人工介入就能解决你的问题是衡量这些自动化系统成功与否的关键，**

因为相比于人工参与，它能节约数倍成本。

自从以手机为主的客户服务出现以来，我们都有过以下这类恼人的经历：这类问题请按1，那类问题请按2。可见，当通过流程自动化来解决问题时，系统只需对你的问题进行这样的分类就行了。这种解决方法更加快捷、准确，也比人工服务更能节省成本。正是因为这些利益的存在，自20世纪90年代以来，互动式语音应答服务才变得如此流行。

近来，这一趋势发生了有趣的逆转。实际上，一些公司之前将人员安置在客户服务环节，就是让他们扮演品质区分者的角色。但时至今日，这一趋势能否继续，或者自动化自助服务的持续体验是否会改变我们对"优秀"客户服务的期待，这些都还有待见证。如果设计得巧妙与合理，自动化服务会比人工服务更快捷、更精确，也更能令人满意。直接联系客服人员是否能提升感知服务，是否也会带来更多花费——时间会告诉我们答案。

量化成熟度模型

量化成熟度可以用来判断企业的商业流程结构是否良好，以及它是否能被消费者理解，企业可以以此来判断它是否适合外包。这对决定哪些产品该自己完成、哪些产品该外包出去非常重要，因为在商业流程中，有些产品最好自己完成，因为它们具有区别性；而有些产品则能够且应该外包出去，因为它们已经商品化，不具区别性。图9-3展示的就是外包公司的量化成熟度模型（quantafication maturity model）。

任何不能表现企业自身业务特色的产品都能够且应该交给在该产品生产上具备优势的外包公司或者投入市场中，使其在竞争中降低成本，同时提升质量，我把这叫作"外包刚需"。量化的主要内容就是讨论流程与外包管理。外包的复杂程度直接关系到某个流程的透明度，而流程的透明度反过来又由信息流决定。每一级量化成熟度水平都代表了对数据的进一步创造、处理和理解。

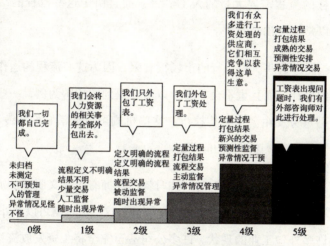

图9-3　外包公司的量化成熟度模型

处于 0 级量化成熟度水平时，公司的商业流程往往并未被归档，而且其遵循的原则也是临时性的。它的实现方法由执行流程的人决定，流程的可预测性和重复性完全取决于流程的执行者们。现实中，那些看似能被测量的流程，其实往往是不可测量的，这就会对它们的归档和鉴定形成阻力，最终妨碍它们的外包能力。最后，这些流程就会被当作异常流程，因为很少人知道这些流程应该产出什么样的结果。到 2013 年，继续以这种方式运行的公司已经为数不多了，因为它们已经被经历 30 年流程改造和自动化的竞争者打败了。然而，大多数公司还保持着处于 0 级量化成熟度水平的内部流程。经典例子就是营销、产品开发，甚至还有公司战略。

当达到 1 级量化成熟度水平时，最终产出的结果就会被赋予一些流程定义，且具有可预测性。然而，企业对子流程的结果却知之不详。从某种程度上说，流程一旦开始，最终的结果也就生成了。我曾见过一些公司的流程就是这样的。先由人事部经理对人力资源提出要求，然后，看似随机数量的申请者们会经过几轮应聘，而留下的人就可以担任某个职位。这样的流程需要大量的人工监督，而且由于这些流程的结果非常模糊，所以常常会出现意外。

另外，促进这些流程运行的市场很有限，因为这些流程的运作并没有经过很好的设计，而且也不会重复。以前文提到的招聘为例，一些公司经常会将招聘事务交由猎头机构执行，这些机构可以凭借它们的专有知识、流程和名气寻找适合该职位的应聘者。

达到 2 级量化成熟度水平时，公司就已经拥有了定义明确的流程，那么自然也就会拥有定义明确的流程结果。此时，这些流程就可以被外包出去，而这正是许多外包工业的现状。许多公司甚至完全将工资发放流程、招聘流程、技术支持和 CRM 都外包了出去。**在这些流程市场中，整个商业流程都会被外包出去，而不只是子流程或者个别的商业结果。外包商虽然会花钱购买定义明确的终端结果，却很少会掌握承包商用来生成终端结果的中间步骤。**

当处在 2 级量化成熟度水平时，外包方和承包商会对流程的情况进行定期检查，若未达到合同规定的服务标准，那么承包商往往会受到处罚。这种反应式的监督在这些关系中十分常见。同样常见的还有临时的意外管理——一旦出现意外，承包商将对其独立负责。同样，这也是行业惯例。

外包，从反应式监督到积极监督

当达到3级量化成熟度水平时，流程不但要定义明确，而且其本身还要实现量化。 这时，流程的步骤很清楚了，而且其结果或效果也是可以被预测的。事实上，这些增加的结果，许多都被"打包"好外包了出去。

> 以一家作为IT技术支持服务承包方的公司为例。某一家公司自己拥有打包好的接线流程，以便将来电发送给承包商。起初，这一公司会使用这种方法来使电话量保持稳定。时间一久，他们发现，如此将打包好的结果外包出去便能接到所有电话，比起由自己的内部员工接打电话更便宜、更有效。所以，一些外包方也正在修改其现有的商业模式，以提高自身的利润。

因此，达到3级量化成熟度水平时，商业结果便实现了一定的量化，这时，承包方获取的利益会多于外包方。在将打包好的结果转让出去时，外包方应进行积极的监督，因为合同上会规定产出的结果要达到一定的标准。**如此一来，到3级量化成熟度水平时，外包方就应该给予承包方积极的监督，而不是反应式的监督。** 最后，承包方还要掌控异常情况，这样做只是为了在将异常情况作为工作包发送给另一承包方之前，将它们识别出来。最初的外包商往往难以发现这种异常情况：因为它们全都由初级承包方负责。

达到4级量化成熟度水平时，最初的公司，也就是外包商，会重新控制这些之前完全被外包出去的流程。此时，因为公司已将自己的流程结果打包，这样就能将其中的流程片段外包出去，以此获得效率增益，而这些

DATA
CRUSH

效益之前属于处在 3 级量化成熟度水平的承包方。这也不是不可能的,因为,在 4 级量化成熟度水平时,整个行业会迎来一轮新兴市场。这样一来,公司也就有了市场,好将琐碎的工作外包给专门化的个人或组织。

2013 年,这类组织如雨后春笋般不断涌现。比如 1800 会计师网和 legalzoom.com 在线律师网的出现。这些市场提供的许多服务,以前都是按照"现收现付"的原则由卓越的白领人才提供的。时至今日,流程的承包方为自己创造了这些市场,当其客户达到 4 级量化成熟度水平后,他们就会开始进行"非居间化投资"①,以使那些商业模式取得早期成功的承包方迅速消亡。

4 级量化成熟度水平的另一特征就是,对流程的监督会变得更加可预测。那些使用结果市场的公司将对其自己的流程拥有足够的掌控权,同时,它们还将拥有很多可供分析的数据,以此预测其自身对于未来服务的需求。它们会通过这些预测在市场中获得更好的服务价格,并进一步促进流程效率的提高。

随着异常情况的出现,达到 4 级量化成熟度水平的公司会对自身的流程进行干预。将来,异常情况会在第一时间被识别出来,而且公司会找出应对每一次异常情况的规则并加以实施,从而使每一次异常情况能正常跟进流程。4 级量化成熟度水平在不久的将来就能实现。我们目前还没有达到这个水平,可我们正在全速行进,到 2020 年,我们就能见证结果市场的进一步发展:结果市场有望成为众多经济行业的主宰。

外包正迅速迈向 5 级量化成熟度水平。达到 5 级量化成熟度水平时,结果市场会变得更加成熟,会出现高速发展,而竞争也会更加激烈。到那

---

① 从银行取出存款直接买股票、直接向证券市场投资等以消除商品流通中间环节的投资方式。——译者注

时，企业会从预测性的监督变成预测性的调和，在预测性调和阶段，每一个流程的基本结果都会被最大效率地移交给工作人员。这样，最后的每一笔交易都会被尽量迅速而准确、且以尽量少的花费完成。对每一个承包方的选择会由诸多因素决定，且每一笔交易的决定因素都不相同。这样的调和对整体的业务效率来说非常重要，它甚至可能会成为一种重要的竞争优势。那些实现了 2~4 级量化成熟度水平，且作为成功承包方的公司也许会将自己重新打造成最佳调和工具的开发商，坚信自己会在向 5 级量化成熟度水平过渡的过程中存活下来。

最后，达到 5 级量化成熟度水平时，那些注重应对流程中存在的异常情况的市场将会发展起来。这将成为那些高技能、高学历、经验丰富的专业人才的新领地，而他们也会变得大受欢迎。同时，对于诸如会计、律师、工程师和那些能应对奇怪或困难情况的人来说，这将会是一个新前沿。未来，这些异常情况会时不时地冒出来，由于分析学习使得流程自动化变得更加复杂，这些例外也就会随之变得更加棘手。

商业流程的量化会使公司业务生成的数据量大增。一旦企业开始将量化工作外包出去，就意味着企业将自己的业务流程与几十个结果市场整合在了一起，而每一个结果市场又都有着几千个潜在的供应商。这些活动的调和需要企业与这个供应商网络之间具有庞大的信息流通量，这样做既便于发起商业交易，也是为了通过交付业务而调和它们。

然而，业务的不断增长将会继续驱动外包市场，而量化是该战略模式下业务取得成功的必需一步。事实上，只有那些投入恰当时间和精力以真正了解自己的流程该如何运作、如何建立必需的指标来检测流程运作是否成功的公司，才可能有效利用外包来实现其战略优势。

DATA CRUSH

新常态

目前，你的公司面向消费者或与物流有关的业务流程就至少应该在 3 级量化成熟度水平下运作。如果不是，你就得好好计划，尽快达到 3 级量化成熟度水平。这样一来，人力资源和财务系统等商业流程的迁移时间仅需 6 个月。

DATA CRUSH

|第10章|

应用化
让消费者获得即时满意度

历年来，各个公司每发行一种产品，都是在力求全面地解决消费者的问题。但移动互联、社会化媒体和对信息资源的无限使用，让消费者体会到了即时满意。这对现代企业来说，迅速推出部分解决方案，以回应消费者遇到的问题成了亟待解决的大问题。因此，即便某个 App 不够完善，但消费者仍然能接受，这将是软件发展过程中的新常态。

▶ App 开发：不做 100%，只做 10%
▶ 新型保险业 App，让推销力度进一步增强我在企业软件领域已工作了有20多年。我曾见证过许多行业趋势起而又落，也见证了许多技术兴而又衰，可是，我从不曾见过软件领域有什么能像移动应用那样引起了如此迅猛而彻底的变革。尽管早在2008年苹果应用商店推出之前就有一些App存在，可正是苹果公司将一种公开的软件平台应用到了苹果手机中，才使我们进入了移动应用的新时代。当然，苹果公司并不是第一家引进这种模式的公司，可它无疑是应用这种商业模式的集大成者，尤其是在消费领域。过去几年来，App改变了技术消费的进程，并彻底改变了人们对未来软件的期待。实际上，苹果应用商店很可能会作为史蒂夫·乔布斯个人的伟大创新而被载入史册。

App 在移动计算处理技术中占据着重要位置，而它的一大早期副作用就是使消费者的注意力持续时间出现了急剧降低。**移动通信、社会化媒体和对信息资源的无限使用，让我们体会到了即时满意，但这种即时满意反过来又让我们的整个社会变得极为浮躁。事实上，我们可将这种现象视为整个社会的"应用化"。在此环境之下，我们每一次"心血来潮"都可以通过某个 App 得以解决。随着这种趋势的发展，只有那些能够顺应这一潮流的公司才可存活下来。**

迷恋上这种即时满意的消费者，如今对每一种需求都期待有迅速的解决方案。而许多解决方案都有可能是非常基础的，只要它们能够尽快且尽可能最便宜地满足消费者的短期、即时需求，那它就是好的解决方案。事实上，这似乎就是 App 当前的发展状态，因为各家公司早已进军了这一以用户为中心的计算领域。上千家公司都会推出同一功能的 App，这是再寻常不过的事情了，每一家公司都能向用户提供相关的信息或潜在地允许用户去完成基本的商业任务。这类功能的例子就是将你的用户账户升级或是查询股市行情。

或者，这些能解决一系列紧迫问题的方法很可能会被"编入"消费者的日常生活中，并成为他们与世界交流的关键部分。随着 2012 年苹果手机的推出，谷歌地图已不再那样火爆，这或许是这一趋势的结果：如今，这种免费的 App 已经在使用者的生活中变得根深蒂固了。这种深度依赖正是苹果手机得来替代谷歌地图原因的一部分；同时，它也可以解释苹果公司在上一次失败后为什么会出现如此剧烈的反冲。

假如你是一名智能手机使用者，那么你可能对这种方式并不陌生。你可能会下载几十种免费或者价值几美元的 App。和大多数 App 使用者一样，在你下载的 App 中，90% 的使用期限都非常短。刚下载后，你可能会用几次，然后就彻底不用了。可见，这些 App 要么能实现其服务目的，要么无法引起你的注意。但无论如何，你很可能在下载了某个 App 一周后，就再也不会使用它。这进一步证明，**消费者将来会购买的许多解决方案都具有可任意处理性**。

如果说在你下载的 App 中，90% 都没有特别的作用，那么剩下的 10% 就是你生活中必不可少的。你很可能每天都会使用这些 App（比如谷歌地图、《今日美国》或 Facebook），而且你的很多日常活动都离不开它们。这些 App 能很快吸引用户的注意，并向他们传递足够多的信息，以使他们再次使用，这些 App 吸引了大多数消费者的眼球。因此，大多数公司的目标必定是开发出属于这重要的 10% 之列的 App。

　　应用化的趋势以一种非常有趣的方式证明了自己：**它开创了一种对于部分解决方案及其持续发展的高度包容性**。如果你在手机上安装了 App，那么你对此应该很熟悉。几乎每一天都会有至少一个应用推出更新下载。这些下载更新是对 App 功能缺陷的修补，为的是提高程序的运行或增加其他功能。但不管怎样，这些不断的更新和升级都是软件公司推出的新型运营方式。

　　历年来，各大公司每发行一种新产品，都是在力求全面解决消费者存在的问题。用户希望自己购买的软件功能齐全，而且没有程序错误。而软件开发商则要花费大量时间去测试和验证他们即将发行的 App。

　　然而，这种方法很快就过时了。**当下的趋势变成了企业会迅速推出部分解决方案，以解决消费者遇到的问题并满足他们的需求，然后再根据消费者的反馈不断改进这些方案**。消费者已经接受了这种新的反复操作的模式，并期待这种持续的、渐增的，更重要的是，免费更新的发展进程。于是，各大公司必须改变它们的商业模式，以适应这种新的期待。应用化还有另外一个影响，那就是：**用户开始对部分解决方案更具包容性**。也即：作为用户，既然我一开始买进的 App 很便宜，而且我知道它还会不断改善，所以即便某个 App 不甚完美，我也仍然能够接受它。这也是软件开展过程中的新常态。

DATA
CRUSH

新常态

　　回顾你的公司当前的应用化开发流程，你是否发现：当大多数 IT 部门仍使用传统的"瀑布式"方法进行 App 开发时，那些先行一步的公司正迅速采用所谓的"极端编码"或"敏捷开发"模式，以更好地回应消费者的需求。应用化将迫使公司加速软件开发进程的周期，并且尽可能地采用这些新技术。

软件革命：从大型走向小而美

App 日益增长的主导地位使许多用户开始起而反抗那些大型的、复杂难懂的、自 20 世纪 60 年代以来主导了商业计算领域的 App 软件。这些有时被讽刺为"垃圾应用"的企业级 App 的使用方法较难，而且缺乏灵活性。它们通常会负责多个商业流程，产生很多商业结果。它们创造的体验与 App 创造的体验恰恰相反。在未来，越来越多的用户会抵制这些大型系统，因为他们已经有了更好的体验。

为了应对这一情况，大多数生产这些大型、集成式 App 的公司，即使只是为了维持与消费者的关系，也会创建自己的 App。许多实行企业软件应用化的公司一开始并不顺利。毕竟，这些公司早期可是通过创造大型、复杂，自然也是昂贵的 App 来赚钱的。而通过创建小型、简单而又便宜的 App，以实现同样商业目标的想法则完全与它们的整个商业模式背道而驰。

然而，App 对消费者的吸引力已经发展到了势不可挡的地步，于是这些公司即便仅仅是为了生存，也很可能会进行这样的转变。再者，大型企业软件的功能瓦解类似于我们在第 9 章中讨论的商业流程的量化和我们将要在第 11 章中讨论的商业的云化。越来越多的消费者会转移注意力到这类应用上来，大型软件的供应商们也不得不紧随其后跟上时代的潮流。

DATA CRUSH

新常态

确保你的公司的软件开发商和客户之间有一个公开的反馈机制。由于应用化的出现，消费者会直接对公司的 App 作出评价。若想加速创新周期，那你就得将软件开发资源与消费者紧密相连。

下一波应用浪潮："管理员"App

创造出管理其他 App 的 App 将会是未来 10 年的一大商业趋势。如今，消费者已经湮没在了 App 的世界里（苹果手机和安卓手机加起来有将近 100 万个 App。2013 年，苹果应用商店的下载量超过了 500 亿次），但其中许多 App 的功能都大同小异，而且都是针对民营企业或供应商。

比如，我正在使用由当地两家连锁商店推出的两种不同的消费者忠诚度 App。从功能上看，这两种 App 完全相同，而且我还在这两种 App 中输入了相同的数据，以便它们能追踪我。这两种应用唯一的不同之处在于：它们的品牌和提供交易的担保公司。

随着用户下载和使用的 App 越来越多，同步这些 App 与用户的最新信息、喜好和其他数据的难度也越来越大。这就使 App 的管理需求变得迫切起来。对于用户来说，他们期待自己最喜欢的 **App** 能在第一时间了解自己的需求，并提供相应的服务。而对于 **App** 来说，知悉某位消费者生活中发生的变化——也就是场景变化，则变得日益重要。这些 App 升级后的"新家庭"将会记录下这些变化，并自动更新其他 App。当然，那些 App 的创造者也会得到一笔可观收入。

如此一来，用户就能找到一种帮助他们管理和更新那些最常用 App 的工具，有效提供这种服务的 App 很可能会对获益的价值链的两端收取额外费用。这些 App 很可能会迅速形成一个市场，所以早期在这一领域内活动的公司将会成为市场中的下一个"App 杀手"。

这类场景化管理极为困难。凡是参与集成大规模企业 IT 系统（比如 ERP 或 CRM 系统）的公司都该意识到，要构建起一个由几十个或几百个 App 组成的数据模型，困难是在所难免的。**不同的 App 要建立在不同的数**

据模型之上，甚至同样的数据领域都要使用不用的标签，比如地址、用户ID 或状态。

然而，这些综合的 App 或许该叫作"管理员"App，带来的效益将是无穷的。而对这项功能的需求已变得刻不容缓，所以创造出这类 App 也是不可避免的。这些"管理员"App 将大大简化用户的智能手机体验，并使用户从这些手机中获取更大的价值。

"管理员"App 会管理日常生活中的琐事，比如地址的变化。它们会将变化的地址传达给其他 App，以使它们与消费者保持联系。此外，"管理员"App 会掌握用户在真实世界的场景。比如，它会知道我要去夏威夷度假，因此当我在夏威夷时，就会有人向我推销东西。它们会知道我最近在 Facebook 上加了某个好友，而他的生日就在下个星期：它们还会礼貌地提醒我，它们最喜欢的慈善机构正在接受线上的小额捐款。

"管理员"App 的一大重要目标就是管理不断增长的定向市场信息流。在不久的将来，我们所有人都得忍受这些信息流。

> 例如，2013 年某段时间，我每天会收到大约十几条 Groupon 团购网发来的"每日优惠"信息，同样数量的还有亚马逊，还有 eBay 发来的 10 条交易通知，以及其他网站发来的 60 多条信息。所以，我每天会收到来自十几家不同网站的大约 100 条优惠信息。然而这些信息很少是根据场景化发送的：它们甚至不知道我什么时候在哪里，而只是基于我的喜好或过去的购物习惯向我发送优惠信息。

场景化正日趋成熟，在未来的 4~5 年，我们大多数人收到的信息都将是场景化的。到那时，我们每一个人接收到的信息量将会增加 2~3 个数量级。

如果你生活中的每分钟都代表企业将东西出售给你的一次机会，那么每家公司每天就会有 1 500 次销售机会。因此，如果积极地参与了十几家公司的网上活动，那么你就很可能会让自己每天接受几千次销售机会。如果你已经觉得自己像被数据"你活埋"了，我想说的是："这才哪儿到哪儿啊！"

场景化的影响就是：对你的数字化工具来说，"管理员"App 不仅物有所值，而且必不可少。这样的 App 会掌握你的喜好和兴趣，并据此向你推送它认为你会感兴趣的优惠信息。它还能知道你不喜欢什么（这一点变得空前重要），并且礼貌地替你拒绝。此外，如果优惠信息有重复，它还会启动协调程序，为你选择一家当地的咖啡馆，让你以最大的实惠享受到下一杯拿铁咖啡。

DATA CRUSH

新常态

"管理员"App 将成为 App 市场中的一次跳跃，也将对应用化的持续发展起到重要作用。"管理员"App 在不久的将来必将会出现。留心这些 App，一旦它们出现，就应尽早地采用这一技术。一旦这些 App 开始变得成熟，那么它们被消费者市场接受的速度会远远高于 Twitter 被接受的速度。

应用化成熟度模型

应用化成熟度模型（appification maturity model）也是从 0 级应用化成熟度水平开始的（详见后文图 10-1）。处于 0 级应用化成熟度水平时，你的公司并没有 App。公司会对 2013 年的 200 万智能手机用户一无所知。若预测一下未来 4 年移动商务的发展状况，你就会发现，没有 App 并不是什么好事。所以，让我们迈向 1 级应用化成熟度水平，开始与你的消费者互动吧！

处于 1 级应用化成熟度水平时，企业能通过智能手机用户上的 App 向他们推送信息。这与第一代互联网给用户带来的体验一样：我能接触到静态数据，比如 App 上来自《今日美国》的新闻消息。这些 App 不过是用户获取信息的门户网站，而这些信息则由 App 的商家挑选与发送。这样的 App 相对"沉默"，常常让人想起早期的互联网。它的目的就是推送内容，它并没有参与任何商业流程，也不会产生任何商业结果。自然，这样的 App 既非场景化的，也非社交化的；它只是提供信息而已。

处于 2 级应用化成熟度水平时，企业会实现一定程度的内容定位，此时用户可以选择接收什么样的内容。这就是内容提取，同时也是处于这一水平的 App 的基本特征。比如，当用户打开某个天气类 App 时，能从中了解到某个地方的天气。可见，当达到更先进的 2 级应用化成熟度水平时，用户可以参与某个商业流程或创造某个商业结果，比如更新联系信息或下达某个可以离线执行的命令（如许多金融服务公司提供的 App）。然而，即便达到 2 级应用化成熟度水平也无法让一个商业流程或商业结果自动完成。它还需要借助外部的帮助来完成工作。就像处于 1 级水平一样，处于 2 级应用化成熟度水平也无法利用场景信息或社交信息。

处于 3 级应用化成熟度水平时，用户的互动会比处在 2 级应用化成熟度水平时更加全面。此时，用户不仅可以参与商业流程，还能从头到尾地看着它们在几秒钟内完成。许多 B2C 类公司就拥有这种 App。这些 App 支持购物、付款和货物追踪，等等。3 级应用化成熟度水平是面向任务的，它能帮助企业完成一系列基本的商业任务。然而，这些 App 对场景还不是很敏感，也缺乏社交化意识。它们完成商业任务，却没有将智能或分析运用到整个过程中。

达到 4 级应用化成熟度水平后，App 就会变得更加智能化。而且，这种 App 会拥有场景化意识，它能知道用户所处的时间和地点，并据此定制用户体验。

关于这种 App，最简单的例子莫过于苹果地图和谷歌地图。如果你在这两种地图 App 上进行搜索，却没有输入精确的地址，它们会先假定你在搜索最近的地方，也就是你当前的场景，然后再提供与这个场景相符的结果。如果你在地图 App 上输入了"汽油"，那么它会显示出你目前所在地附近的加油站。同样，一些航空 App 也会知道你什么时候登录它们，然后向你提供时间最近的预约。

4 级应用化成熟度水平的 App 集便捷和智能于一身，它们已经开始利用移动计算平台的优势。从本质上讲，4 级应用化成熟度水平的 App 还具有场景化意识。然而，它们还不能根据用户的喜好及利用社交数据来定制专门的信息。

于是，5 级应用化成熟度水平的 App 的重要性就显示出来了——它们既有社交意识，又能根据用户的喜好、人际关系和其他社交标准来运作。这样的 App 能知道用户喜欢印度菜，还会知道用户有某个加油站的会员卡或者知道用户是哪支运动队的粉丝。这些 App 利用了用户在 Facebook、Twitter 和其他社交平台上的可靠信息，并将这些信息与用户当前的场景相结合，然后向用户提供定制化的信息，供用户选择。目前，5 级应用化成熟度水平的 App 是最好的 App，尽管它们对场景化和社交化的利用程度仍未到达极致。

新型保险业App，让推销力度进一步增强

让我们举个例子，看一看保险业 App 应用化成熟度模型是如何发展的（见图 10-1 ）。

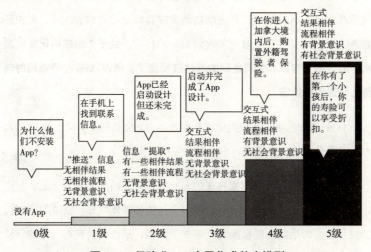

图10-1　保险业App应用化成熟度模型

我们假设一家保险公司要为其移动客户配置一款新的 App。处于 1 级应用化成熟度水平时，该公司仅仅向客户推送数据，它最初的功能就是列举出公司的保险产品和服务的详细资料。它也可能会提供一些有用的联系信息，比如客服电话号码和邮箱地址。此外，它还可能会提供最近的代理商和办公地点的位置以及联系方式。

当这个 App 上升到 2 级应用化成熟度水平时，它会允许客户与其他企业体系进行互动。如此一来，有了它，客户可以更新他的账户信息，对额外的保险请求报价，并和其他保险公司进行比价。此外，该 App 还

可能让客户开始进行（注意，不是完成）保险单范围内的索赔。2 级应用化成熟度水平提供了进一步的消费者互动，包括基本商业流程的实施。然而仅仅使用这个 App，客户还是无法完成这些流程。

到了 3 级应用化成熟度水平时，保险 App 会变得越来越智能化，而且会变得与公司的商业流程越来越协调。这时，该 App 不仅能开始一个商业流程，还能使客户单凭它就完成这个商业流程。因此，客户不但能请求一个新的保险报价，还能创造出新的保单。也就是说，客户不仅能只凭该 App 开始保险项目，还能自始至终看着项目完成。此外，客户还能通过 App 中的电子汇款业务收到公司的付款。**处于 3 级应用化成熟度水平时，由于客户和公司之间的互动被简化了，所以 App 会开始同时向两者传递即时价值。**

保险 App 达到 4 级应用化成熟度水平时，会具有场景化意识，同时，对于保险公司的 App 而言，它会开始变得"可怕"。

许多保险公司会向不常开车的司机提供汽车险的折扣。因此，也许处于 4 级应用化成熟度水平时，我们会直接和智能汽车"交流"。如此，如果我某一时期跑的里程数低至某一个阈值，那么我会获得一定的保险费折扣。相反，我的智能汽车也可能会通知 App，说我喜欢开快车，有时还会超速行驶。于是，该 App 就会提醒我，如果我继续这种行为，那么我的保险费将会被增加。

我之所以举这个例子是因为它能引出非常重要的一点，那就是场景化。对公司来说，必不可少的场景化功能或许并不一定受终端用户的欢迎。对于一家公司来说，一项新功能在投入使用前是否能被接受的证实非常重要。因为一旦这项新功能在 App 中被投入使用，当它不受欢迎时，实际上就已经造成了损失。

最后，保险 App 达到 5 级应用化成熟度水平时，消费者已经有了社交化意识。因此，如果消费者在 Facebook 上宣布自己的孩子刚刚出生，那么 App 就会提醒他们增加人身险，还会向他们提供折扣。此外，处于这一水平的 App 还会提醒他们将新生儿加入其现有保险的受益人列表中，等等。

我的保险 App 可能会注意到我正在在线购买一辆汽车。一旦我开始搜索，该 App 就会统统记录下我觉有兴趣的汽车，并告知我：购车以后，我的保险费会发生什么样的变化。我需要允许 App 访问我的场景化和社交化数据，使其以这些方式与我互动，而这基本上就是 5 级应用化成熟度水平的定义。可见，它既实现了场景化，又实现了社交化。

DATA CRUSH

应用化的趋势以闪电般的速度冲击了市场。然而，比 App 进入市场的速度还令人吃惊的是市场对它们的接纳程度。种种迹象表明，应用化将继续主导软件开发领域；除此之外，事实上许多传统的软件公司如今正努力使其大型的、复杂的 App 适应这种消费模式。如果仅因为这种转变就将决定软件巨头们是否能取得长期的成功，那么，几乎可以确定的是，它们必然也会向应用化过渡。同样，越来越多的业余和商业活动很可能将会通过我们智能手机上的 App 得以执行，这愈发会加深我们对这些设备的依赖。

DATA CRUSH

新常态

App 不应该仅仅注重面向消费者的活动，还应该简化公司与供应商、合伙人和消费者之间的互动，并使其自动化。所以，要确保你的公司正力图将应用化技术运用于其他商业生态圈的元素中。

App 的寿命极其短暂——最好每月更新一次，每年替换一次。如果你达不到这样的速度，就有可能会落后。

DATA CRUSH

第11章

云化
一切即服务

据 Gartner 集团的分析专家们预测，2015
年，云计算市场的价值将会超过 1.1 万亿
美元。云计算方法不仅能带来无可抗拒的
效益，还能通过监督获得越来越多的信
息。大范围的流程自动化还会造成冗员，
尤其是在流程和信息密集型产业。所以，
许多公司越来越多的商业量都得通过第三
方云服务传送。

▶ 一个 App = 上万名员工
▶ 汉堡王：一切都在自动化
▶ Salesforce.com：云时代供应商的优化之路

在第5章中，我们讨论了当今的主流趋势——云计算。今时今日，大多数公司要么因IT基础设施需求已经加入了云计算，要么正计划着加入云计算。因为云计算能带来不可抗拒的效益，包括资金投入的减少和运作成本的降低以及更快的响应能力和适应能力。事实上，这些好处通常是由商品化服务带来的，于是，最终，越来越多公司的基础设施将会走向商品化和外包化。

商业基础设施和商业流程的外包意味着：这些被外包的功能需要额外的监督——除室内维护以外的监督。如此一来，公司一旦采用越来越多的云服务，它们就会通过监督获得越来越多的信息，这就需要对操作性数据进行创造性和恰当的管理。这些操作性数据的增长方式就类似于公司内部客户数据的增长方式。

随着公司生成的操作性数据越来越多，它们对商业流程的认识得到了进一步的提高，随后，它们会将这些商业流程商品化。随着商业流程变得越来越可预测化和标准化，是否应该将它们外包给其他的专业公司，就成了一大势不可当的热议。如今，外包行业发展十分迅猛，据 Gartner 集团的分析专家们预测，2015 年，云计算市场的价值将会超过 1.1 万亿美元。

随着越来越多的商业运作开始变得标准化，商品化影响将会远远高于企业的价值链。如今，公司将商业流程，比如招聘、工资发放和收账等外包出去已属常事。在不久的将来，这些外包的商业流程还可能增加后勤、补给和消费者服务等。同样，外包也需要创造、分析和回应更大量的数据。这就使商业流程变得更加可预测化，进而转化为实用程序。像这样，将商业结果外包出去引发的商业结果的大规模移动（像云一样的传递模式），就是云化。又由于越来越多公司的商业流程都会经历量化，所以公司中越来越多的商业量都能通过第三方云服务来传送。

逐渐侵蚀的价值链：商品化和外包业务正在激增

随着公司实现量化、商品化和外包的流程规模变得越来越大，其价值链必然会受到侵蚀。如果外包供应商能以便宜又快捷的方式创造出企业的流程所需的结果，那么在竞争压力下，企业就不得不接受这一方法。若这些工作由内到外实施的速度很慢，"守旧派"就会出现，这样一来，它们的价值就会低得多。而且，公司流程会变得大同小异。不过，在未来几年，其价值链也很可能会继续上升。导致其上升的既有需求因素，也有供应因素：一方面，公司想要下放更多的流程；另一方面，承包商又要扩大自己的规模和范围效益。这种迁移是个持续不断的过程，所以许多公司内部只会保留一小部分特殊的工作流程，如产品开发、营销、广告和一部分制造流程会被保留下来，而其他流程则会被外包出去。

中层，流程质量的内伤

云化发展的一大副作用就是，一大批中层管理岗位会成为多余的设置。通过外包实现有效性，从而消除低效的劳动力投入，比如管理监督、汇报和召开不必要的会议。这些事大部分属于中层管理的范围，20世纪数百万员工的工作就是如此。在如今这个加速发展、外包和数据化盛行的世界中，这些角色不仅是多余的，而且还会影响生产。事实证明，公司若想在日益增长的竞争和不断加快的业务速度下生存，很可能会大量缩减中层管理工作。

多年以前，我的一位好朋友去一家大银行咨询业务。他正在开发一种能使各种内部流程自动化的软件，这就要求他了解银行对各种交易的业务规则。在开发软件过程中，银行坚持要在这些流程中加入手动检查，这让他感到很惊讶。他最终认为，保留手动检查的真正目的就是确保银行经理有事可做。这位朋友非常确定，如果该软件设计得足够好，能够代替上万名银行员工。

到2013年，这个想法变成了现实。在银行和其他几大行业的整个中层阶级，中级管理工作都被裁掉了，其中大部分是由于过去25年来出现的流程自动化。以下是2011—2013年金融服务行业宣布的裁员情况：巴克莱银行，2 000~3 500人；花旗集团，11 000人；美国银行，20 000人；瑞士信贷，3 500人；德意志银行，1 900人；高盛集团：1 000人；汇丰银行，29 300人；摩根大通公司：1 000人；瑞士联合银行，10 000人；摩根士丹利投资公司：1 600人。

这些公司自然不会说裁员是由于内部流程的自动化所引起的。相反，他们会说是因为冗员。那么，冗员是怎么造成的呢？对于被裁员的人来说，为什么第一天你还必不可少，第二天你就什么都不是了？或许是因为公司业务减少，对工人需求也减少了。但从公司的财务状况看，事实并非如此。大多数情况下，公司会因为裁员而减少营业成本，财务情况会变得更好。

大范围的流程自动化是造成冗员的主要动因，尤其是在流程和信息密集型行业中，比如银行。 自动化的广泛实行会使流程参与者减少，而人数的减少并不会影响对消费者的服务。甚至在有些案例中，人数（中层管理）的减少反而会让消费者服务质量得到改善。剩下的员工的生产力反而会提高：如果说被裁掉的是生产力最低的，这样一来企业整体的流程质量就会提高。

这种情况在商业支持性活动中尤为如此，比如人力资源、会计、物流和客服。**任何可以由外包变得更加节省、有效的业务流程都将被外包出去。**竞争压力将使其成为一项业务需求。之前在这些职位上的人会发现他们的职位正在流失，他们不得不将自己尚具价值的技能带到我们在第 9 章讨论过的结果型市场中，而随着外包业的继续进化，结果型市场在不久的将来终会出现。

自动化，商业的未来

自 20 世纪 90 年代开始，许多业务已经历了流程自动化，但我相信这还只是开始。未来 10 年，我们在 1 ~ 6 章里讨论的趋势将会带来更多的自动化，而对于流程效率和速度的追求也将进一步推动这一趋势。

> 如果你在过去几年曾坐美国航空公司的飞机到亚特兰大，你可能会注意到机场航站楼的汉堡王餐厅。这家汉堡王餐厅的设施我只在另外几家快餐店看到过：自助点餐设施（采用自助服务的餐厅正在增加）。当你想点餐时，可以到一个电脑终端那里，点击你想要的食品，你还可以定制（比如额外的某种蔬菜），然后提交订单。在这家餐馆里，仍有人给你结账。但是，我也见过其他餐馆还可以自助埋单。过几分钟，就有人送来你的订单菜品。不过，汉堡王餐厅还没能实现汉堡制作的自动化。

细想起来，这种流程真的很让人满意。我能够准确、快速地下订单，而不用告诉店员我哪些点错了。事实上，我作为流程的参与者，不仅增加了消费者体验，还让汉堡王餐厅省了一名员工。这种交易更迅速，能为消费者定制需求，搜集到更多消费者的信息，且更节省成本。这对汉堡王餐厅来说只是收益的一部分。（不过让我吃惊的是，汉堡王没有在其他更多店面中实行这一流程。）此外，日益增长的最低工资标准也会加速这一转变。

从市场趋势中我们可以明显地看到，自助服务开始变得越来越常见。在 2012 年思科公司进行的一项研究中，受访的消费者中有 61% 声称他们在购物中更喜欢自助埋单。显然，企业正在对这些喜好作出积极回应。数以千计的光盘售卖商店正被红盒子自助影碟租赁机（RedBox DVD）所取代。美国的杂货店也有自己的自助服务流程，比如沃尔玛、家得宝、劳氏等大型超商。随着我们的交易越来越多以及需要人工介入的情况越来越少，这些交易终将实现自助型、自动化，也会变得更快、更准确。另外，智能手机及其他个人服务设备会发起、管理、完成越来越多的交易，这意味着将来收银台的终结。所有的消费者服务体验中都希望实现这些内容，而它们反过来又会加速这一趋势的发展。

DATA CRUSH | **新常态**

云服务供应商应该首先使消费者的价值链增值，同时应试图促成结果市场。久而久之，这些市场很可能会成长为承包商业务中最有价值的部分，所以，我们应不遗余力地促成这些市场的发展。

将一切外包出去

由于公司中越来越多的业务流程都实现了自动化和量化，所以我们就可以将更大部分自动化和量化的流程外包出去。也就是说，**自动化流程在需要和完成之间创造了一个断层，或者说使它们失联了。如果完成可以实**

现自动化和量化，那么任何有必要自动化的人都可以完成一个请求，交接好数据管理。这也是我在这本关于数据增长的书里描写云计算的原因。云计算之所以有可能成为现实正是基于 20 世纪 90 年代业务流程的广泛自动化。云计算意味着你的流程将产生更多数据，准确地说，是多得多的数据。

云计算能为各种规模的企业带来许多好处，其中包括可扩展性、灵活性、速度和弹性。那么为什么要停止计算呢？为什么不把云计算的原则应用到所有业务流程中呢？这基本上就是外包了。一旦一项业务流程可以抽离出来，实现自动化，那么它的任何一部分都可以被外包出去，由他人来执行。某些业务流程对公司来说可能具有特殊性和差异性，不应该让其他人来完成。然而，即使它们仍然得在企业内部完成，这些重要流程也仍能从外包要求的自动化和剥离中受益。

DATA CRUSH | ### 新常态

除了将基础建设推向云化外，你的公司还应该找出能外包给云供应商的服务和流程。一旦公司能采用这些服务，你就能迅速扩展 OaaS（结果即服务）业务。你的公司要至少有 50% 的商业价值链都应该通过这种服务得以传递。

云化成熟度模型

图 11-1 展现的是云服务提供商的云化成熟度模型（cloudification maturity model），它与量化成熟度模型很接近。不过，也确实只有量化一组业务值，它才能被云方案所替代。量化是将一个业务结果打包的流程，这样它才能被外部资源获取。而云化实际上是一个用打包后的资源提供结果

的流程。记住这层关系，让我们看看云化成熟度的级别，看看这些打包资源是如何被组织起来的。

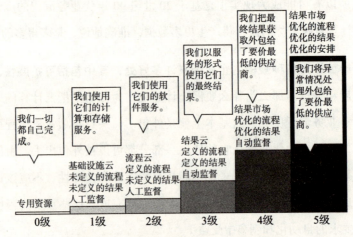

图11-1 云服务提供商的云化成熟度模型

处于 0 级云化成熟度水平时，我们可以看到与某个具体业务结果相关的资源。这些资源以这种方式被组合起来，不管对这种结果的需求为多少，它们只能表达这种结果。这些资源可能未被充分利用，或者不能满足其他需求。此时，它们只能由每一次对此项业务结果的需求多少来决定。

在计算机领域，云计算是在世纪之交出现的。那时候，现有的计算机程序由一套专门的、有计算能力和信息存储能力的服务器支持。有时候，它其实并不需要那么大的容量，但是这个容量是跟一个业务结果绑定在一起的，因此也就浪费了额外的容量。有时候，专门的容量满足不了结果的需求。在这种情况下，企业可能会遇到该结果的某些消费者会被拒绝访问，或者所有消费者都必须忍受支持系统的低性能和低效能。

现在，当人们谈论云服务时，他们谈的其实是云计算服务：计算能力和信息存储。然而，一项业务中的任何资源都可以被虚拟、被剥离，也就

是说被云化。所以，我们看一下，比如工资单的业务流程，0级云化成熟度水平的工资单意味着公司有专门的人力资源部来处理工资流程。这些人力、设备只能够产生工资这一特定结果，而不能产出其他结果。在这个定义下，公司产生的任何有特定的内部资源的业务流程或者业务结果都是0级云化成熟度水平。

处于1级云化成熟度水平时，支持业务流程的基础设施会被虚拟化和抽象化，这意味着它能在一个或一组特定的电脑上独立操作。由于这种虚拟化，这种流程可以变成基于云的一组资源。这样一来，任何人的数据就都可以得到支持。这是自20世纪90年代开始大多数企业发展的方向。公司利用第三方供应商的计算容量来操作它的业务系统，但是这些公司依然对外包出去的基础设施有控制权。这揭示了处于1级云化成熟度水平时的另外两个方面：第一，基于云的基础设施的大多数流程未被定义；第二，从云的角度来看，基于这些流程中的商业结果也未被定义。另外，当处于1级云化成熟度水平时，基于云的基础设施靠的是手工操作。决定在云化中加入什么因素、需要多大的容量以及使用哪种云化由圈内人决定，而不是自动化流程。在2020年之前，大多数云化都会处在1级云化成熟度水平。

到2级云化成熟度水平时，企业就超越了基础设施的层面，开始将业务流程当作服务。用行话说就是，软件即服务（SaaS）或者平台即服务（PaaS）。另外，系统会支持一个或多个业务流程，而这一流程是被虚拟化的，是从提供服务的基础设施或者软件中抽象出来的。另外，尽管一些供应商允许形状差异和定制，系统提供的流程大都是明确的、标准化的。这种解决方案不支持增值结果，我们在第9章讲量化时也有所提及。在此，这些供应商会负责全部流程，而不会分转给第三方的子流程。最后，2级云化成熟度水平方案需要人工监控，必须有一个或几个管理者来管理外包流程的运转情况。

大数据成熟度模型实例

Salesforce.com：云时代供应商的优化之路

当今市场上，处于 2 级云化成熟度水平的公司数不胜数，其中最有名的或许就是 Salesforce.com 和 Work Day，前者是客户关系管理公司，后者是人力资源平台。有了这些云服务，对消费者需求的满足就能够节省成本。如果说有什么不足的话（其实很少），就说明这些流程缺乏定制功能，达不到处于 3 级云化成熟度水平时的结果。尽管有这些限制，处于 2 级云化成熟度水平的供应商仍然很流行——最大的供应商可以为几千家公司提供服务。该行业的领头公司 Salesforce.com 自从 20 世纪中叶起就有稳定的收益增长，如图 11-2 所示。

如前所提，2 级云化成熟度水平和 3 级云化成熟度水平的主要区别在于：处于 3 级云化成熟度水平时，每个流程的增值结果都可以被虚拟，所以能传递专业化的云方案。目前，Salesforce.com 提供了一种功能就是，消费者可以创建邮件列表。这些列表可以转给诸如微软 Word 这样的软件，用以创造大量邮件。然而极具争议的是，处于 3 级云化成熟度水平的云供应商有机会创造一项服务，那就是利用这些文档传送功能为消费者建立邮件服务。这类公司有很多，比如 Vistaprint 公司及可以提供这种服务的变体。然而，Vistaprint 公司还是跟不上 3 级云化成熟度水平，因为它的结果不是自动化的。这就是说，因为 Vistaprint 公司的邮件服务还无法无缝整合到它的网站流程中，所以还没有真正达到 3 级云化成熟度水平。

但是，像 Vistaprint 这样的公司会迅速填补这一空隙，因为这种整合对大家都有利。Salesforce.com 公司会因从 2 级云化成熟度水平升到 3 级云化成熟度水平而受益，那就是：消费者可以享受更多由第三方提供的、更加有竞争力的流程结果。这些第三方通过开放服务给市场而受益，因为市场会给它们带来业务量，这些价值定位都很高。如果将来某一天 Salesforce.com 或者其他服务供应商建立了这样的服务，我一点都不会觉得奇怪。所以，对于这些服务供应商来说，一个关键的增长策略就是：**由自己创造和支持这些结果市场，而不是由消费者创造。**

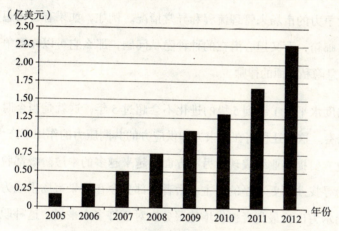

图11-2　Salesforce.com的收益增长情况（2005—2012）

资料来源：Salesforce. com Annual Financial Report.

　　结果市场能反映 3 级云化成熟度水平和 4 级云化成熟度水平的主要差异。接着之前的例子，Salesforce.com 公司可能会为邮件列表外包服务创造一个市场，这样就会有众多公司争相提供该结果，而不是某一个。当 4 级云化成熟度水平发展到更深层次时，任何一个服务供应商平台里的业务结果都可以由独立的市场支持，每一个市场都是由争相提供该终端消费者流程的公司所构成的。在这一阶段，平台拥有者的基本定位是帮助消费者优化市场上的业务结果。确实，通过平台支持的流程中业务结果的整合将会是各平台的主要区别。由于进行了量化，结果市场将会对服务供应商的满意度评价起决定作用。这样，平台供应商只有自己促进这些市场的增长，才能继续控制价值链的某些流程。

最终，服务供应商将会把自身的平台推向 5 级云化成熟度水平，这将使多个结果市场的流程结果得到优化，并满足每个消费者的特定需求。服务供应商将全面支持定制，以市场为导向的业务流程将对终端消费者的定位实现最优化。4 级云化成熟度水平和 5 级云化成熟度水平的供应商也将通过支持富有竞争力的市场来管理流程和异常情况。例如，如果有公司想要创建一个公共邮箱，而又担心潜在的种种隐私问题，那么它可以在竞争市场中找一个信息隐私方面的律师。

云化成熟度水平从 1 级到 5 级的进化不会超过 5 年，这就是当今时代商业变换的节奏。这种迁移将在需求方和供应方的共同压力的作用下产生。一方面，外包方要提高业绩表现；另一方面，越来越多的中层阶级都脱离了雇主，开始寻找薪酬更丰厚的雇主。后者大部分会在结果市场里成为自由职业者，偶尔为出价最高者提供增值服务。对于许多人来说，这种职业转变会很难，但是这样一来，他们会变得更加独立，工作也会变得更加有趣。时间将会见证这一预言是否属实，预计在 2020 年前我们就能看到这一变迁。

DATA CRUSH

第12章

物联网化
要么联网，要么智能化

智能设备进一步满足了消费者对即时满意度的期待以及对设备缺陷和损坏的零容忍，所以即便是简单的物品也会拥有场景意识，要么能联网，要么能被嵌入一定程度的机器智能，进而加入全球信息网络。这些智能连接装置切切实实地创造了一种新的智能，它能阻止错误，而不仅仅是纠正错误。

▶ 智能冰箱：对你的冰箱无所不"知"
▶ 智能支票账户：个人理财的新风向标
▶ 智能汽车：混合型动力已渐成趋势
▶ 智能胰岛素泵：虚拟胰腺将指日可待

现如今，要掌握海量信息，各公司的压力都很大。至此，我们必须清楚，巨大的数据量已然生成，而我们却毫不自知。事实上，如果企业的数据量每年能增加 50%，那么 10 年后，企业的年度数据量会增加 60 倍左右。问题是：2000—2010 年的数据增长率已经接近 100%，但还会继续增长。

DATA CRUSH | ### 新常态

无论你的公司身处什么行业，都该预料到：通过物联网化生成的数据量将远远超过公司员工生成的数据量。这些数据中，大多数都是被结构化了的信息，都能被存储在数据库中，而且很容易就能在一年内形成几个拍字节的新数据。而公司存储、管理和利用这些数据的能力将决定公司开拓创新、提高效率的能力。

一切都在智能化

通过场景化和社交化，公司将不得不去掌握消费者在日常生活中创造的大量数据。同时，它们也应不懈地努力去了解这些源于消费者的数据，因为新数据很快就会取代旧数据。我们日常生活中用得上的物体也会变得越来越"智能化"。伴随着科技的应用，即便是简单的物体也会拥有场景意识，所以它们或者能联网，或者能嵌入一定程度的机器智能，进而加入全球信息网络。

这些"物体"包括价格更加昂贵的设备，比如汽车、家电和房屋等。此外，还包括更大的物体，比如电网、高速公路和空中交通管制系统等。事实上，我们必须从整体上把握物体的性质，从而有选择性地运用科技将一些物体或系统变得智能化。随着计算能力的成本逐渐下降，越来越多的物体将会实现联网，成为网络的参与者。这一进程已然发生，而且很可能会继续加速，使得一些物体以新奇而又令人震惊的方式与人们互动。此前，在我们看来，这些物体从不曾与智能化有任何瓜葛。

> 如今，一些饮料自动售货机能自主地进行存货监控，一旦饮料供应不足，它们就会给公司发送邮件。另外，如今在售的一些汽车也能用手机上的 ADD 遥控系统启动。还有，某些飞机的起飞和降落也是在没有人为介入的情况下自动进行的。

在计算机行业，这种将事物变得更智能化的流程被叫作"物联网化"。随着计算能力的增强和计算成本的大幅降低，我们赋予日常生活中物体计算能力的动机就会变得越发诱人。这一流程现已被深深嵌入了大多数行业的制造部门，之前由人工操作的大部分工作都可以由智能机器来代替了。这一趋势已经蔓延到了服务业，在这个行业中，我们将见证又一轮技术革命的发生，它会让数百万人失业——取代他们的是更加智能化、更加低成本的机器。之前，需要人工参与的商业任务现在已经可以通过智能系统实现操作了。

这一趋势还会对客户产生影响——他们生活中的常见物体，比如家电、房屋和汽车，都将被智能化。在智能化的过程中，这些物体会开始进行自我监控，并在需要我们注意的时候与我们进行交流。

在不久的将来，如果你买回了一台冰箱，那么其中一个安装过程就是按照你的喜好进行程序设置，然后在 Facebook 上关注它。这样一来，如果你冰箱里的牛奶快没了，它就会给你发信息。制造商已经引进了这种智能冰箱，可是他们的生产速度仍然跟不上人们的需求。

物联网化就是促进新型互联网，也就是物联网的发展。其中，与自动化设备相关的数据会成为互联网上主要的数据流。这一发展对于那些寻求高效运营的公司来说，是一大福音。很显然，一种能进行自我监控并不断汇报自身状况的设备不仅不需要大量的定期检修，也不会出现那么多故障。这样一来，比起普通的机器，它的成本就会被大大削减。

这些连接装置会产生庞大的数据流，而公司就能利用这些数据不断提高其产品和服务的质量。物联网已经引发了经济领域的巨大变动，另外，一系列产业的价值定位也在物联网的影响下发生了变化。比如，电力行业的智能电表不仅能优化其电力传输方式，还能监控自身的运行情况，并在接受维护之前进行"自我修复"。

智能设备进一步满足了消费者对即时满意度的期待以及对设备缺陷和损坏的零容忍。这一说法言之有理，因为这些智能的连接装置切切实实地创造了一种新的智能，它能阻止错误的发生，而不仅仅是纠正错误。能适应这一变化，且能很好地利用这些数据的公司将成为市场的领头羊，同时还能对自身产品和服务生成的可预测的、可靠的结果收取额外的费用。而那些没有作出改变的公司则会逐渐被边缘化，也会越来越不能满足消费者的需求，其业绩自然也会逐渐下滑。

**DATA
CRUSH**

新常态

如果你的公司是一家产品生产公司，那么你应该制定出将产品物联网化的方法和如何将产品生成的数据转化成货币的方法。如果公司成功做到了这一点，那么这些数据就能为公司带来巨大利润，而且它可能会比卖出产品获得的利润还要多。

物联网化成熟度模型

可以肯定的是，在不久的将来，日常生活中的贵重物品会变得更加智能化、更具自我意识（比如智能汽车、智能家电和智能宠物）。然而，我们将经历一场真正的物联网化革命，这场革命会使每个人都用得起射频识别标签，这样一来，即便生活中的琐事也会被网络化。举个例子，假如不只是冰箱，甚至里面所有食品都能被网络化，那么我们的生活将会是另一番模样了。我们将迎来一场数据风暴，为了提高生活水平，我们必须将这些数据收集起来并加以利用，让它们为人类带来更多好处。

或许有人会说，处于 0 级物联网化成熟度水平时，我们生活中的一切物品都是"傻瓜"，但这种定义已经过时了。一旦我们开始将通用产品代码（UPCs）印在我们购买的商品上，并通过价值链对它们进行监控，那么我们就已经越过了这一级物联网化成熟度水平。**所以，我会将 0 级物联网化成熟度水平定义为交易性物联网化**。我的意思是，一件商品可以在进行交易或状态发生变化时与周围事物进行交流。因此，当我在一家杂货店里用激光扫描仪扫一盒饼干时，就能利用这笔交易搜集到一些基本数据，也就是：有人刚买了这些饼干。交易完成后，这盒饼干本身并没有变得比之前更加智能化，可是它所在的网络会接到通知，提示这盒饼干发生了一些变化（例

如，它刚刚被卖出去了）。如这个例子所示，显然，我们的社会已经实现了
这一水平的物联网化成熟度，所以这是我们的底线。

智能冰箱：对你的冰箱无所不"知"

要说处于 0 级物联网化成熟度水平的家电，我们不妨看一看智能冰
箱（见图 12-1）。一台有着 UPC 码扫描仪的冰箱，它可以通过扫描冰箱
里的食品，帮助维持基本的储存。当然，这一级的物联网化成熟度水平
也绝不是智能的，因为它不仅不知道食品的价格，也不知道每一样食品
的情况（比如这个食品是否过期）。比起现在的冰箱，这种智能冰箱对
周围事物的感知力并不是很强，因此其物联网化成熟度水平也处于最低
级别。

处于 1 级物联网化成熟度水平时，物体的智能化会稍微有所进步。
冰箱已经能通过某些原理从几升牛奶中区别出每一升牛奶了。或者说，
它是一台能与智能资源回收站交流的冰箱。当我们将牛奶瓶从冰箱里拿
出，然后再放进回收站里时，冰箱就能"知道"它里面的牛奶已经不是
最开始的那瓶了。

这样一台智能冰箱之所以达到了 1 级物联网化成熟度水平，是因为
它具有交易持续性。也就是说，它能记录下自己参与的每一笔交易。由
此可知，一台智能冰箱会知道你的很多信息，比如你每月会喝完 15 升
牛奶。而这些信息对你和卖牛奶的人来说，都非常有用。**然而，处于 1
级物联网化成熟度水平时，物体仍然不是智能的，因为它并不能记录商
品的状况（比如是否过期），而且几乎不具有自我意识。**

DATA
CRUSH

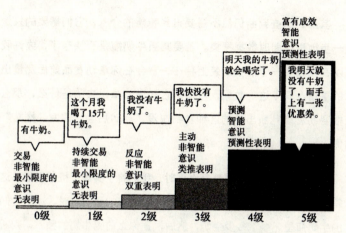

图12-1　智能冰箱的物联网化成熟度模型

到 2 级物联网化成熟度水平时，物体会开始实现某种程度的自我意识。达到这个水平，智能冰箱就能判断出你的牛奶是否已经喝完。可是，它仍然是非智能的，因为它无法分析这些信息。但是，它至少给你这个冰箱的拥有者带来价值。这样一台冰箱会开始对物体的状态产生意识，能区分"是"与"否"。也就是说，这台冰箱此时完全能知道你的酸奶、牛奶或是热狗是否过期了；它还可能知道你的橙汁是否喝完了，或是胡萝卜是否吃完了，等等。如此，冰箱就具有了反应能力。不过，它只能区分出物体的"是"与"否"状态。因此，尽管这种冰箱仍不是智能的，可它对周围事物产生的意识已经增加了它的价值。

到 3 级物联网化成熟度水平时，冰箱就能以类推的方式分辨其他物体的状态。意思就是，它能知道你的汽水是半满状态，或者你的奶酪还有 5 天就过期了。这时，冰箱不仅能判断出其他物体的二元状态（"是"或"否"），还能进行类推。这种类推能力使处于 3 级物联网化成熟度水平的事物具有了前瞻性。于是，你的冰箱就能知道你的牛奶快喝完了，你得去买些回来；它还会知道，你 3 天前买的鸡肉快要变质了，所以你今天就得把它们吃完，等等。

DATA
CRUSH

其实，这些判断仍然不需要机器智能的介入，它们需要的只是更进一步地进行即时数据搜集。若要判断牛奶瓶是否快空了，或许我们可以在冰箱每一个搁板上装上秤——它会在你拿动食品前后测量出物体的重量。有了这一数据，再加上它知道你拿出去的是什么，那么冰箱很容易就能判断出你的这种食物快没了，然后会给你发"推文"通知你。

处于 4 级物联网化成熟度水平时，我们终于实现了机器智能。这台冰箱能知道你的生活习惯，然后据此预测将来的事。这时，冰箱会知道你的牛奶瓶里还剩下多少牛奶，然后根据你之前喝牛奶的频率，判断出剩下的牛奶还有多久会喝完。**4 级物联网化成熟度水平就是利用机器智能和历史数据进行预测。**对那些生活繁忙、没有时间记录下这些物品的人来说，这是一大潜在福利。

最后，**到 5 级物联网化成熟度水平时，我们就能预测生活中的事物了。**一台达到 5 级物联网化成熟度水平的冰箱不仅能知道你的牛奶快喝完了，还能上网搜索附近的最优惠购买方案，并下载优惠券，然后按照约定发送到你的智能手机上，告诉你什么时候去哪里买牛奶。

处于 5 级物联网化成熟度水平的事物就像是使用者的"代理人"——找出什么时候该采取行动，并以最优方式行动。处于 5 级物联网化成熟度水平时，如果车的汽油在旅途中快要用完了，那我的智能汽车就会以最优方案提醒我加油，以使我可以放心地前往目的地。我的智能烤箱会检查我所烤的面包的湿度，判断出面包几天就会变质，并提前为我找好面包优惠券。**处于 5 级物联网化成熟度水平的智能商品会极大地简化我们的生活。**尽管你在购物之前还有许多东西需要预测，可是在到达商店后它们就会让你享受到许多乐趣。

"物联网化"固然是在讲"物"，可是这一流程并不单用于物品。事实上，任何能创造商业结果的东西都能被物联网化，因此物联网化与量化之间有着潜在的交叉点。非物体被物联网化的例子包括智能电表。当然，电表变得更加智能了，它们被物联网化了。可是，它们被物联网化的结果是，智能电表也因此物联网化了电力这种服务。

如果商业结果能被物联网化，那么由于物联网化而形成的产品或服务的新市场就会变得更加自由。因此，在不久的将来，新产品和服务很可能会全面介入我们的生活，让我们的生活变得更加舒适、愉快，而这些则全归功于这一趋势。

尽管物联网化成熟度模型并没有考虑到社交化，可是这并不意味着社交化在物联网化革命中不起作用。相反，**物联网化成熟度水平每上升一级，就能与社交化相结合，为机器或服务智能创造更多机会。**

比如，我有一个智能支票账户，即一个经历了物联网化和社交化的账户。那么，通过物联网化，该账户就能知道我的经济状况：我的收入流向和消费习惯。它能区分我的定额支出（房贷、车贷、电费和生活用品支出等）与随机支出（下馆子或看电影等）。这样一来，一个智能的、处于5级物联网化成熟度水平的支票账户就能预测我在什么时候会花过多的钱，并阻止我这样做：透支费用到此为止！

同样以智能支票账户为例，现在，让我们将它社交化。假如我们允许该账户记录下我在网上的行为，那么它就会知道我在亚马逊、eBay或其他商业网站上都买了些什么，还会知道我想买的东西是否会超出我在账户中预先设置的预算。如果我在网上看中了一款平板电脑，而它的价格又远远超出了智能预算的限制，那么该账户就会阻止我购买。这样一来，如果我买了，它或许会"惩罚"我。再者，如果我要买的商品的价格超出了我目前的预算限制，那么作为一个真正的智能账户，它会在网上找一个购物代理人，并开始与网上卖家协商，以找到符合我预算的商品。代理人会以拍卖、反向拍卖、团购、反向团购等方式争取合适的价格，直到我要么买得起这样东西，要么放弃购买。可无论怎样，有了这个智能账户，我就不必花费大量时间和精力去打理个人财产了。

此外，冰箱也能够被社交化，这就能使它变得更加智能、更加有用。处于 5 级物联网化成熟水平和社交化的冰箱能"看到"装在里面的所有东西。然后，根据这些材料，并依照我对食物的喜好，它会在网上搜索食谱。假如我喜欢中国菜，我冰箱里的材料都是做宫保鸡丁必需的。这时，冰箱就会发信息建议我做宫保鸡丁，如果当时我心情好就可以接受，心情不好也可以拒绝。将智能的、物联网化的物体融入我们的社会喜好，能使其功能变得更丰富，也能带来更大的消费者满意度。

大数据成熟度模型实例

智能汽车：混合型动力已渐成趋势

大多数消费者可能还不知道，早在几年前，汽车制造商就已经将他们的产品物联网化了。这种物联网化并不只是在车载电脑上存储信息，或是在享受汽车服务时下载数据。近年来，通过诸如安吉星安全系统之类的服务，汽车已经可以联网。这些网络服务，又被称为车载咨询系统，它们能让汽车公司即时地搜集到有关用户开车习惯的数据。在过去几年中，这些公司已经搜集了几个拍字节的有关消费者开车习惯的数据：开车的速度、转弯的情况和加速的情况，等等。它们声称要利用这些数据设计出更好、更安全的汽车，当然，这并不只是说说而已。一些公司已经利用这些有关司机的数据提高汽车服务了。

福特公司搜集有关车主开车习惯的数据已经有些时间了，他们尤其对混合型汽车的相关数据感兴趣。这些混合型汽车将汽油机和电动机结合在了一起，以提高汽车的燃油效率。汽车在汽油与电之间的转换操作则由电脑控制完成，只要更改电脑上的软件就能改变这些电脑的逻辑。一开始，福特公司远程控制了每一辆混合型汽车，使其以同样的方式运作。汽车的设计，尤其要让这种混合操作尽可能地透明化，以使这种汽车能像其他以汽油为燃料的汽车一样运行。这种程序提高了汽车的驾驶性能，可并没有像混合动力系统那样将燃油效率最大化。

福特公司在搜集和分析混合型汽车司机的习惯过程中发现，有些消费者对将汽车的燃油效率最大化很感兴趣（有的甚至可以说十分热衷）。事实上，他们宁愿牺牲一定程度的性能，以获得效率最大化。福特公司利用他们从车载资讯系统中搜集来的数据，重新编写了控制汽车操作的软件，并将这一新程序应用于某些汽车上，而这些汽车的车主正是那些想要实现燃油效率最大化的消费者。在司机毫不知情的情况下，这一上传过程就完成了（这是一个很好的应用化例子）。从这一点看，那些想要实现燃油效率最大化的司机能够"心想事成"，而且其燃油经济性也得到了实质性的提高。这正是 4 级物联网化成熟度水平的一个好例子，处于 4 级物联网化成熟度水平时，具有自我意识的物品会知道主人的喜好，还能动态地予以回应。

智能胰岛素泵：虚拟胰腺将指日可待

设备物联网化的另一个例子便是胰岛素泵（糖尿病人用来注射胰岛素的一种工具）。在这种设备出现以前，患有 I 型糖尿病的患者需要定期检查血糖，当血糖升高时候，他们就得用皮下注射针注射适量的胰岛素。胰岛素泵带有一根泵管，可以将它插进患者的血管中。患者无论什么时候需要，都能给自己输注一定剂量的胰岛素，不必去医院注射。然而，这种泵并不是永久联结的，使用者需要每星期变换一次输注位置。可是，有了它，患者就不用随身带着皮下注射器并时不时地给自己打一针了，而且患者按需输注胰岛素变得容易多了。

近来，这些泵变得更加智能了。制造商研发了一种电子传感器，它能实时地记录下患者的血糖。患者可以将血糖传感器插入血管中，随时监控血糖含量，而不用每隔几小时就刺破手指、抽取血样。显然，若要实现这样的连续监控，传感器就得变得更加智能，它不仅要能及时对血糖进行测量，而且还要能判断血糖的变化趋势。在掌握了这个趋势后，传感器就能预测患者的血糖什么时候会变高、什么时候会变低，从而给予患者恰当的提醒。目前，传感器会向胰岛素泵提供数据，可它并不直接控制胰岛素泵。这并非技术所限，而是现在由于责任问题，胰岛素泵和传感器公司并没有赋予这种泵以自动化的功能。然而我想，使用胰岛素泵和传感器的人越多，它们带给人们的便利性就会越大。如此，将智能血糖传感器和智能胰岛素泵相结合，形成虚拟胰腺就指日可待了——有了虚拟胰腺，糖尿病患者就能过上接近正常人的生活了。

DATA CRUSH

在所有这些有关物联网化的例子中，有一点我们应该弄清楚：**我们所讨论的，是大量数据的生成**。如果你的冰箱能每时每刻记录下它里面的所有食品，并利用这些数据帮助你购物，那么你要搜集的数据就会变得非常庞大。卖给你冰箱的家电公司自然会想得到那些数据，然后再把它们卖给食品公司。因此，通用电气和惠而浦等公司需要大型的新数据中心来管理其智能产品搜集回来的新数据。此外，那些竞相将产品卖给你的杂货店也想得到你冰箱的数据，这样他们就能为你定制最可行的购物方案，将你吸引到他们店里购物。实际上，**物联网化将创造出各行各业之间新的价值链，而这些价值链历来都建立在实体产品的销售之上**。一旦这些物品被物联网

化，它们生成的数据很可能会比它们本身更有价值。 为了生存和将来的发展，所有销售实体产品的公司都得随时做好准备，应对即将到来的消费者数据洪流，并调整商业模式，力求从这些信息中挖掘最大价值。

DATA CRUSH

新常态

如果你的公司是一家专注于提供服务的公司，那就想方设法让公司的服务生成数据或者将服务智能化，或者增加消费者的价值。从支票账户的例子来看，将这种智能加入到公司的服务后，不仅会极大地提高消费者所理解的价值，而且同时也降低商业运作成本。

DATA CRUSH

第三部分

应对指数级增长，企业如何赢得商业新契机

HOW THE INFORMATION TIDAL WAVE IS
DRIVING NEW BUSINESS OPPORTUNITIES

◎ 制定并遵守核心战略，可能会使企业的数据量（可能达几波字节）减半，从而能极大地避免"战略性痴呆"。

◎ 2012年，沃尔玛实现了每周两亿次的天文交易量，到2020年，这将成为司空见惯的事。自动化势在必行。

◎ 短短3年，Rovio公司（《愤怒的小鸟》系列游戏的开发者）通过细微产品升级和快速响应，从一家只有十几个创始人的公司发展成了拥有上亿美元资产的娱乐巨头。

◎ 据美国信息和图像管理协会对2000—2010年的估计，在公司生成的数据，近90%都是非结构化数据，其年度增长率至少在60%～70%。

◎ 未来10年，成功的公司将会把游戏化作为生产力增长的关键。在玩耍中完成工作流程，或是游戏化思维将成为数字战略的重要驱动因素。

◎ 通过"云包"，未来10年将会出现一个新行业，其中会有许多创新公司以及具备专业技能的个体。

DATA CRUSH

第13章

战略一致化，商业模式新常态

许多公司妄图通过微小的改变，奇迹般地战胜那些用几年甚至几十年时间建立起来的运作方式。然而仅仅改变一两个策略或做法根本不可能使之从一个战略过渡到另一个战略。它们需要的是：决定自己的核心战略，然后坚持下去，以引爆一场颠覆！

▶ 比萨连锁店：从帖子中发现潜在用户
▶ 福特汽车：只做 5% 的差异化

在这一部分，我会提出 6 条建议。按照这些建议，你的公司不仅能在数据风暴中存活下来，还有可能在这具有挑战性的新环境中得到发展。每一条建议的目标要么是缓和由数据增长带来的压力，要么就是利用这种压力发展业务、保持竞争优势。同时，每一条建议中都有一些期待，那就是：在不久的将来，新常态会是什么样子的。

制定核心战略，告别战略性痴呆

第一条建议是，使企业的经商方法一端化。也就是说，企业必须清楚自己该如何将价值传递给消费者，然后依据这种传递方式制定商业策略，并严格遵守该策略。这种选择很大程度上是二元的。企业向消费者传递价值的方式，或是以最低价格提供相关商品，或是以高价值、定制化的解决方案来满足消费者需求。企业可以谨慎地选择其中一种方式，来制定企业策略，这样一来，企业就已经向成功迈出了第一步。然而，如果脱离了这一策略，并试图两边"下注"，那么企业的商业计划很可能会失去焦点、员工和消费者，从而最终导致失去竞争优势。

你也许会问为什么我会在这本主要介绍数据增长的书中强调商业策略，因为它们之间的关系并非是显而易见的。但是，制定并遵守核心战略，可能会使企业的数据量减半。在一个有着几个波字节数据量的世界里，将企业所需的数据量减半，能极大地减少企业对数据管理的需求。

爱因斯坦曾说过："所谓疯狂，就是不停地做同一件事，却期待它产生不同的结果。"这么久以来，我与很多公司合作过，也为许多公司工作过，用爱因斯坦的话说就是，这些公司都得了"疯狂病"，它们将自己的业务建立在"效率－成本"这一模式之上。也就是说，它们提供的是无差别的产品或服务，其重心在内部加工上。那么，它们要如何提高效率、降低运作成本呢？如果它们能有效地达到这些目标，那么它们就会变得更具竞争性，也能占据更大的市场份额，从而增加收入。虽然在商业社会中，利润率不会大幅增长，但总利润仍然会随收入的增加而增加。

怎么听起来这都是一种很好的商业策略，可实际上，那也得这些公司遵守它们的策略才行。**以我的经验来看，每一家公司都渴望获得更大的盈利率，而不仅仅是获取更多利润。它们希望在赚取更多利润的同时坚持自己的商品战略。**这些公司虽然已经在价值传递方面取得了一些进步，但在战略上却是与它们之前的商品传递业务背道而驰的。

这些公司曾在寻求新战略方面采用了各种方法：有的公司收购了一些小型的、能传递价值的公司；有的公司试图利用它们现有的资源，从现有的运营中挖掘出能传递价值的新业务；还有些公司试图从头开始，创造全新的业务单位，并将所有新资源和人员都派上用场。通过这些努力，这些商品业务试图以同样的指标、奖励机制、流程和策略创造价值业务。而以前，它们正是凭借这些创造了现有的商品业务。

这就导致了我所谓的"战略性痴呆"（strategic dementia）。如果将痴呆定义为失去认知能力，那么，**战略性痴呆就是指：因对战略的不确定而失**

去作出理智商业决策的能力。因此，尽管这些公司努力尝试，也无法以同样的方式运作它们的新业务单位。它们以同样的方式评价、以同样的方式运作新业务单位，以同样的方式雇用员工，还希望新的业务单位能遵循同样的规则、流程和步骤，而这些规则、流程和步骤原是为它们的核心商品业务所设置的。它们以同样的方式做着同样的事却还想产生不同的结果，这就是战略性痴呆的含义。

我想说，按照医学的说法，这些公司就是"疯"了，因为它们想要通过以商品为核心的业务赚取源于价值的利润，却不想进行任何改变。它们并没有进行一端化，而是采用模糊策略——碰碰这个，碰碰那个，可是到最后什么都没做好。不用说，结果肯定不尽如人意，因为它们既没能提高其核心商品业务的运作能力，也没能创造和发展出基于价值的新业务。**这类公司许多只是这边调整一下流程，那边又增加销售奖金，妄图通过这些微小的改变，奇迹般地战胜那些用几年甚至几十年时间建立起来的运作方式。这些公司的高管并没有意识到，仅仅改变一两个策略或做法，根本不可能从一个战略过渡到另一个战略。而且，即便其收购了采用不同策略的公司，也无法实现这样的过渡。**

企业必须对所有业务进行重组，然后严格遵守一种策略。这必然是一次艰难、痛苦且昂贵的转化。如果企业没能进行这一基本的战略性改变，那么企业必然会在内部引起巨大的争议。这时，员工就会想：哪一个战略对企业来说才是最重要的？哪些行为是恰当的？哪些行为是有价值的？哪些商业机遇值得我们追求？更重要的是，哪些机遇应该被忽略？因此，企业的核心战略越模糊，员工就会浪费越多的时间和精力在事后去思考以上问题。我曾见识过有些企业因为战略不一而浪费掉大量资金和人才的情况。

在此，我就不对商品业务公司的不一进行过分强调了。另外，我也曾见过价值业务公司有同样的"痴呆"。我发现，那些提供高价值产品和服务的公司也开始偏离自己的核心业务，因为它们试图从现有的消费者身上挖掘出商品业务。其基本原理很明显：即该公司与消费者之间有了既存的关系，它们想基于这种关系，将在消费者身上挣到的钱效能最大化。由于这种基于价值的关系，公司就无法在价格上与纯粹的商品业务公司相竞争。然而，这些公司还在继续寻求商品业务，希望能增加收入。这种做法的结果可想而知。一旦这些公司试图发展商品业务，它们的定价实质上就会比商品公司高得多。所以，**基于价值的公司几乎每一次都会失去商品机会，因为它们的价格没有竞争力**。因此，战略性痴呆并不是只有开展商品业务的公司才会得，每一家可能会偏离其核心战略的公司都有可能患上这种"病"。

除去核心战略不说，我发现这些公司根本不想从实际上改变它们的商业战略；它们只想得到不一样的结果。这些开展商品业务的公司想要赚取通常由价值业务公司赚取的利润，而同时，它们还要坚持商品业务的运作方式。相反，价值业务公司想要增加收入，维持其盈利率，于是开始寻求商品业务的机会，但那些商品业务并一定会让其获得理想的盈利水平。在这些公司，我的许多同事都曾耗费精力去帮它们实现这些偏离了核心的业务目标，有的人逐渐取得了成功。然而这些人很快就筋疲力尽了，因为在公司的主要业务流里，他们要不断地逆流而上，所以即便是最优秀的员工也只能坚持几年，之后开始气馁，最终不得不离职。

DATA CRUSH | 新常态

找出造成战略痴呆的标准、措施、流程、步骤和目标，并努力避免。

商品业务公司与价值业务公司数据搜集的选择

你或许会问："这些和数据增长有什么关系呢？"为了发展业务，企业会去搜集和分析什么样的数据，这是由商业战略决定的。如果你的公司是一家商品业务公司，那么你搜集到的消费者数据应该注重预测消费者的需求和对消费者的产品供应；如果你的公司是一家价值业务公司，那么你的数据就应该注重那些实际创造出来的需求。让我们简单看一下这两种方法的区别以及选择合适方法的重要性。

对于商品业务公司来说，其首要战略区分者就是价格：通过不断推出低于竞争者的价格来获得市场份额。在进行数据搜集和分析时，商品业务公司应该注重寻找方法将成本排除出公司的业务流程，以提高竞争力。这类公司还应该将对消费者的产品输出变得更加透明化、可预测化，以提高它们的竞争力。这两种数据形式会改善公司的成本结构：内部的操作性数据和需求预测数据。第一种方式的影响很明显——如果这类公司能降低一两个商业流程的成本，那么节约下来的成本就会直接作用于公司的账本底线。相反，第二种方式的影响就不太明显了。如果这类公司能更好地预测消费者的需求，那么就可以提前增加或减少业务流程的产出。这会使公司的流程更有效，所花费的成本也会更低。然而，不管采用哪种方法，公司的目标都是提高效率，只要正确地搜集和加工了这些商业数据，那公司的目标就会实现。

对于价值业务公司来说，数据搜集的重点应放在需求的创造上。这类公司要非常了解消费者，然后通过广告或其他形式创造出消费者对产品和服务的需求。就价值传递来说，没有哪两位消费者是相同的，所以，创造消费者需求就要求价值业务公司能灵活处理其输送到市场上的东西。任何能促进操作灵活性的行为都能促进需求的创造。因此，灵活性一定是任何价值业务公司的重点。

社会化媒体也可以实现用数据预测需求的目的，例如，我们会挖掘来自 Facebook 的数据，然后根据这些数据来寻找潜在的消费者。

比如，你开了一家比萨连锁店。除去特殊情况，比萨一般来说只是一种商品。每一位消费者都有明显的偏好，可是两块比萨之间的转换成本是非常低的。如果你想要更好地预测消费者的需求，那么就要根据 Facebook 上的帖子来判断某位潜在消费者什么时候会购买比萨。如何做到这一点呢？或许你可以在 Facebook 上搜索带有"比萨"字样的帖子。然后，再搜索那些相约一起用餐的用户。如果你找到了这些帖子，就能找到优惠券或其他优购方案的目标。这些 Facebook 用户就是即将购买比萨的潜在消费者。如果你的行动够及时，那么就能介入他们的决策过程，将他们的需求导向你的业务。

关于需求预测，还有一个很好的例子，那就是亚马逊提供的订阅服务。有了这项服务，亚马逊就可以让消费者随意选择一种或几种定期使用的产品，然后定期向消费者推送信息。比如，如果你每月都会用 2 千克左右的洗衣粉，那你就可以让亚马逊安排每月定期给你送 2 千克左右的洗衣粉。这不仅方便，而且还省钱——亚马逊针对这些订阅商品会提供 15% 的折扣，从而增加了消费者的价值。

亚马逊得到的好处是：它能更准确地预测消费者的购物习惯，并不断压低付给供应商的价格。此外，只要一位消费者接受了订阅服务，那么亚马逊就能将其他商家关在这一市场的大门外。即便这些商家提供了优惠券或其他优购方案，消费者也不太会愿意更换商家，因为他们已经习惯了现有的购物习惯。

使用消费者数据来促进需求预测，这是一个很好的例子。因为企业知道了消费者将来对商品的需求，所以消费者的需求会变得越来越可预测。一旦消费者在亚马逊网站上购买了一款订阅的产品，要让这位消费者以同样的方式购买其他产品，就会变得很容易。一旦与某种商品建立起可预测的交易关系，商家就能迅速增加消费者订阅数，从而让他们花更多钱。

价值业务公司的目标就是增加内部的灵活性，以便在将来的"单一市场"中收获成果（正如第 7 章所讲）。**与数据相关的灵活性来源于两个方面。其一，企业需要搜集相关数据，了解消费者认为有价值的东西。**这就意味着企业应搜集和分析大量的场景化数据，将场景化和消费者的喜好结合在一起，企业就会直接了解消费者在任何时候的需求。**其二，企业还需要搜集其用来实现差异化和评估产品或服务的商业流程。**不是所有商业流程都能增加差异化的价值，所以，这些流程中的数据就显得不那么重要了。而且，商业流程对满足消费者的特殊需求来说尤为重要，因此使这些流程保持灵活性，准备好作出实时改变，是取得商业成功的关键。

还有一个重要的例子，那就是汽车制造业。在一条生产线上，汽车制造的众多流程都是完全相同的。也就是说，福特护卫者系列的汽车有 95% 的制作流程都是相同的。然而，**那 5% 的不同才是将汽车卖给某一位消费者的关键。**如果消费者非常喜欢红色的汽车，而企业生产的所有汽车都是黑色的，那么这些车就可能会卖不出去。所以，那剩下的 5% 的制造流程就是将某一辆车卖给某一位特定消费者的关键。一辆车是否配备了无线广播、天窗、高性能轮胎，这些小的点缀都是卖点，它们能使每一辆汽车对于消费者而言都是独特且具有高价值的。因此，要在车上配备这些东西虽十分昂贵，但制造商的利润点也正在于此。

DATA CRUSH | **新常态**

决定你的公司的核心商业战略，并坚持到底。依据这一商业战略，使用数据对消费者的需求进行预测并提供服务。如果你制定的是价值传递战略，那么尤其要运用社会化媒体的数据来促进消费者需求的产生。

产品创新，让你的商品永不过时

本章讨论的是商品业务为什么似乎总在追求价值利润，因而导致了"战略性痴呆"。我并不会去批评诸如好市多超市等公司的商品业务模式，因为它是一种强大的模式，能大大增加企业的整体效益。**那些遵循商品和效率模式的公司可以生成优质的商业结果，前提是只要它们能坚持一个简单的原则：确保自己的商品不过时。**好市多、沃尔玛或者埃克森美孚，这些都是成功的商品业务公司，因为它们生产的商品都是消费者的生活必需品。无论技术怎么变化，人们都需要肥皂、汉堡、厕纸、汽油，所以随着人口的增加和经济的整体繁荣，对这些商品的需求还会继续增长。如果需求继续增长，那么商品的生产者通过提高运作效率，就会获得更多收入和利润。

然而，在有些市场中，一些商品生产者生产出的产品和服务会因为缺乏创新而过时。我们用于社会的每一项新技术都会淘汰一些东西，而这一轮淘汰之浪会波及那些缺乏创新的公司。汽车出现后，马车和鞭子的制造商就陷入了困境；手机的出现也使付费电话的势力范围迅速缩小；以前生产电视显像管的公司也变得难以在如今这个显示器盛行的时代生存，等等。还有成千上万的例子表明，那些不断努力实现效益最大化的公司，正陷于因为技术创新造成的需求中断，从而导致消费者消失的境地中。这对于商品生产者来说是一个潜在的危险，它们的流程运作非常有效，却没有考虑过收入问题；或是它们更注重流程创新，却忽略了产品创新，从而造成了产品或服务的过时。

> 我之前在一家电脑软件生产公司工作，它曾经是一家很杰出的公司，不仅在华尔街很受欢迎，还是实施商品战略的典范。在软件生产方面，要说高效和低成本，没有哪家公司比得上它。这一战略使它在

价格上取得了胜利，也开创了缺乏技术支撑的新市场。

然而该公司实施效率战略的副作用是：重视运作创新却忽视了产品创新。为了降低生产成本，它将所有的知识能力直接投入在了创新的运作上。然而，这还不是最大的缺点，因为公司让竞争者们为其新产品创造了市场。20年中，这一战略一直都让该公司收获巨大，而个人电脑市场却在这一期间悄然发展起来。

如今，这家公司却陷入了困境。它的财务状况恶化，核心产品的市场也不景气。看样子，要想力挽狂澜也不容易了。那么，该公司为什么会经历如此迅速的变化？**因为它太过注重流程创新，却几乎完全忽略了产品创新。**如此一来，它不仅失去了利润，也忽略了收入。另一方面，它的商品生产非常有效，让消费者体验到了极低的价格，但这也造成其陷入了收入的"死亡漩涡"——公司的收入变得越来越少，因此用于投入创新的钱也变得越来越少。这样的"死亡漩涡"，再加上由竞争性的产品创新造成的产品市场的阶跃变化，让这家公司陷入了水深火热之中。即便以高折扣出售过时的产品，利润空间也非常小，因此，它用于纠正产品问题的投入也不得不断变少。

如果你的公司是一家商品业务公司，那就要知道，流程创新固然重要，但仍要关注并适当投入在产品创新上，以免成为生产"马车鞭子"①的企业。一旦别人开始产品创新，你就过时了。

DATA CRUSH | **新常态**

如果你的公司所需的临时结果与公司战略不一致，那就要将那个结果外包。针对这一外包的结果形成评价标准、确定报酬，然后确保承包商符合公司要求。

---

① 指落伍的企业。——译者注

DATA CRUSH

第14章

加速，你唯一的商业需要

在数据指数级增长的影响下，"场景化""社交化""应用化""物联网化"引导出了商业新常态。在这种环境下，消费者会迫不及待地满足自己的需求，这就对企业提升其市场回应能力提出了迫切要求。事实上，各大公司会发现，它们之前注重成本效益和投资回报率的想法已经过时了，而灵活性、适应能力和速度才是衡量商业能否成功的新标尺。

▶ 《愤怒的小鸟》：Rovio 的数次腾飞
▶ 超市大亨克罗格公司：平均排队时间从 4 分钟到 26 秒
▶ 苹果公司损失 2 500 亿美元：一切全因 iPhone 5

我们已经进入了一个由数据导向并主宰的商业时代，各大公司将会面临的一个重要转变，即新事物涌现的速度。受超强竞争理论、市场透明度和消费者期待的影响，公司需要知道自己该如何在消费者需要它们之前采取行动。它们需要预测消费者的需求，并在恰当的时间提出销售方案。在数据分析师的帮助下，这种预测行为可以实现，但是并不容易，也不便宜。公司需要具备每秒钟捕捉上百万条信息的能力，这些信息大多数都是实时生成的。随着消费者习惯的不断改变，公司需要将这些信息与已有的大量信息进行比较，而且这种比较也要实时进行。经过分析，一旦发现行动方案，就得立即执行，这样才能获得深入了解消费者某个瞬间的价值。同时，别忘了，我们还要分析行动结果，以便总结经验，继续提高市场响应能力。

DATA CRUSH | 新常态

如今，速度就是企业的生命。任何与消费者接触的商业流程，都要在未来的 12 ~ 18 个月内制定目标，然后至少将周期减半。

这一商业结构将促进我们在第 9 章中提到的趋势的形成，那就是将员工变成流程的管理者。由于业务量太大，速度过快，实时的人为决定很难作出。然而，可以说，我们将不再参与决策，我们所要做的只是检查所有自动化操作的结果、检查自动化系统和流程的运行状况。2012 年，沃尔玛实现了每周两亿次的交易量；预计到 2020 年，对几乎所有行业来说，这都将成为司空见惯的事。这也将是一种新常态。

然而，数据分析师们将通过使自动化变得更加准确、即时，以更加熟练而准确地解读消费者，帮助我们实现这一转变。简单说来，企业拥有的数据越多，其分析能力就会越精准，生成的结果就会越好。也就是说，越往后，数据导向的流程就会变得越来越智能，会产生越来越好的商业结果。许多公司高管因为要放弃对流程的掌控而变得不安，但不断提高的商业结果则让这一转变成为必然。

我在第 12 章中提到了"应用化"的观念，它是指：**消费者逐渐希望自己的想法和需求能以快速、简洁且不昂贵的方法得到满足。这就会迫使各公司提高它们的响应力。事实上，各大公司发现，它们之前注重成本效益和投资回报率的想法已经过时了，灵活性、适应能力和速度才是衡量商业能否成功的新标尺。**在这里，我们来谈谈如何启用这些新标尺，看它们如何生成大量的公司数据以及如何掌控这些数据。

在这个移动化、社交化的环境中，人们的注意力时长会变得越来越短暂，心态也会越来越随意。衡量一家公司成功与否，要看它是否具备以下这种能力：对消费者的需求进行分析，再将这些需求转化为方案，然后尽快将这个方案应用到市场中。公司越早将方案用于 App 中，或者交到消费者手里，就越有可能占据大的市场份额，哪怕是一个尚不完整的方案。最终，之前的产品周期也将从几个月或几年迅速缩短为几周或几天。

Rovio 公司（《愤怒的小鸟》系列游戏的开发公司）的成功，就能让我们见证这种新范式的影响。短短 3 年时间，Rovio 就从一家只有十

几个创始人的公司发展成了拥有上亿美元资产的娱乐巨头。它最开始推出了一款吸引人的、与众不同的产品。然后，它不断进行细微的产品升级，提高用户体验，并接收用户对于前几代游戏的反馈。这个方法不仅吸引了更多用户，还使公司从现有用户身上获得了更多收入。不断更新和升级的游戏受到了用户的欢迎，而 Rovio 不仅得到了用户的心理支持，还获得了更多用户的注意力和更多的经济效益。

当软件游戏的整体销量减少时，Rovio 的规模却每年会增加两倍，这清楚地表明了速度和响应能力带来的优势。Rovio 不仅迅速地取得了成功，还开发了《愤怒的小鸟：星球大战》系列游戏，这可是世界上最大的游戏系列。这一举措进一步促进了 Rovio 创造的良性循环，它逐步推出的新游戏使它的产品保持了新鲜感和娱乐性，同时赢得了更多的市场口碑。

随着越来越多的公司将应用化当成一种商业模式，并开始缩短商业流程的周期，它们也渐渐能够满足一般消费者的期望。**然而，消费者会迫不及待地想让自己的需求得到满足，由于有多个选择在手，大多数人如果等不及，就会更换品牌。昔日的竞争优势如今变成了一种社会力量，能否在商界生存就依赖于你的公司是否具有快速回应能力。**这种对消费者期待的快速回应能力将影响每一个行业的每一个部门。有关于此的例子数不胜数，即便最平常的商业流程也在经历加速。

2010 年左右，超市大亨克罗格公司通过减少付款时排队的时间，来改善消费者的购物体验。几年下来，克罗格公司将平均排队时间由 4 分钟减少到了 26 秒钟以下。这种做法是企业经营的一大实质性改善。看看克罗格公司的财务业绩就能发现，消费者很喜欢这些改善：克罗格的营业收入在这个高竞争的行业中竟然每季度增长了 10%。

本书的第二部分介绍了针对第一部分讨论的社会驱动力的 6 种商业回

不知咋选书?
专家帮你选!
没时间看书?
有人帮你读!

湛庐文化 · **庐客汇** 全新学习方式 〉

12 + 50

12 = 每月一本未上市新书,拓展未来视野

50 = 全年 50 堂线上轻读晚课,讲遍思想前沿

1680 元享受一步领先的阅读
把时光挥霍给有价值的思想

一天 5 元,
选择一周一杯星巴克,
一部不那么好的手机,
一件差不多的衣服,
还是打开思想的大门?

**微信扫一扫,
体验极速入汇**
支付后请通知秘书小庐
(电话 / 微信号 18518443686)
以便及时为您开通服务

**庐客汇,
爱读书的人都在这里**

段永朝
财讯传媒集团
首席战略官

车品觉
大数据专家
阿里巴巴集团副总裁

毛大庆
北京万科董事长
集团高级副总裁

王煜全
未来趋势专家

趋势＋科技＋商业＋生活＋

讲师阵容

持续更新中……

李向阳
美国伊利诺理工大学
计算机系教授

王一方
北京大学医学
人文研究院教授

汪小帆
长江学者，上海交通大学
特聘教授、博士生导师

胡泳
北京大学新闻与传播学院副教授
CCTV《我们》总策划

曹虎
科特勒营销集团
中国区总裁

吴刚
顽石互动 CEO

彭凯平
清华大学心理学系主任
美国加州大学伯克利分校
终身教授

邱国鹭
曾任南方基金
投资总监

张涛
安踏体育副总裁

海阳
中央人民广播电台
文艺之声主持人

迟毓凯
华南师范大学
应用心理学系副教授

孙路弘
营销及销售行为专家
畅销书作者

应方法，在这6种方法中，4种是有关速度的。将来，所有公司都得以这种速度运作。剩下的两种——云化和量化，实际上是帮助公司进行改变以提高运作速度的方法。这4种方法中的每一种都需要公司提高运作速度，所以总的来说，它们代表了对业务加速的绝对需要。让我们依次看一下这4种力量是如何推动对速度的需求的。

DATA CRUSH

新常态

要实现缩短周期的目标，就得分析所有的商业流程，找出交易中减速或停止的地方。有些流程需要人力的介入，比如许可和批准等，这会导致进程缓慢。所以，如果可能，就要从流程中省去这些人为介入：要么自动化，要么取消这些人为介入。

场景化：从预测需求到预测消费者

根据场景化成熟度模型可知，场景化将会加速业务的发展，因为它至少会迫使公司去预测消费者的想法和需求。一旦公司能够预测这些需求，并予以足够的回应，那么下一步就是：预测消费者的想法和需求，并赶在消费者自己意识到这些想法和需求之前与他们建立联系。我们已经能够运用恰当的技术实现这种能力。然而，公司必须改善其商业流程，使之以这种方式运作。看看你的公司当前用来与消费者保持联系的流程，它们是否足够灵活、是否能被预测。如果不是，那么你真得好好反思，并重新改造这些流程。

只要企业掌握了消费者场景中的数据源，就应该能发现满足消费者需求的机会——甚至在他们真正需求之前。正如我反复提到的，如果企业可以，就一定要去做。这种预测是用大量场景数据进行大数据分析和机器学习的最终结果。

社交化：从超能回应到即时满意度

我们已经讨论过，社交化该如何使企业与消费者建立良好关系，并最终赢得消费者亲密度。企业与消费者的这种关系之所以很重要，是因为只要正确运用了社交化，企业就能迅速从能够快速回应阶段（比如，"很抱歉给您带来不好的消费者体验"）过渡到预测阶段。如果企业做到了这一点，就能开始向消费者传递即时的满意度。只要他们有需要，企业就来满足他们。同样，这种程度的消费者亲密度意味着企业的商业流程能够支持这种业务速度。但或许你的企业还做不到这一点，但极有可能，一些竞争对手正在努力解决这个问题。

DATA CRUSH | **新常态**

利用社会化媒体、消费者呼叫中心和其他所有消费者反馈的资源，从中鉴别出你的公司需要作出改善的地方，并运用这些反馈来制定改善策略。

应用化：从商品价值到口碑营销

究其本质而言，几乎所有 App 的寿命是非常短暂的。成功的 App 一定要给使用者提供即时的价值，这就要求企业必须迅速开发出 App，并不断地更新它们的形式和功能，然后好好利用消费者即时反馈的信息。仅仅推出 App 是不够的，企业还要不断完善它，使它保持新鲜度，这样才能在数百万 App 中脱颖而出，赢得用户的注意。有鉴于此，**企业推出所有 App 的**

最终目标一定是创造和保持好的市场口碑，这样才能继续从用户身上获取商业价值。这就意味着，那些创造 App 的商业流程和由 App 完成的商业流程，都必须实现极大的加速。

物联网化：从计划流程到毁灭流程

最后，物联网化也会促进当前业务的迅猛加速。从近几年的利用率来看，事物之间的联结将很快会超过人与人之间的联结，每一个事物都将不断监控和作用于其自身状态带给使用者的效益。一旦条件允许，它们就会立即采取行动，从而给最具回应能力的"竞标者"创造出即时的商业机会。这些事物并不是根据品牌忠诚度来做决定的，所以它们不会感情用事。它们采用的是最能及时满足主人要求的交易。因此，企业及时识别商机并尽快予以回应的能力，将决定企业是否能抓住这些稍纵即逝的市场机会。

我们有 4 种行业动态，每一种动态都需要企业加速其回应能力。如果将它们产生的效果加起来，很显然，如今的流程已不足以支持你公司未来的发展。我的意思是，一点一点改善流程的旧方法已经成了一张无用的"处方"。这里提高几个百分点、那里提高几个百分点，这样的方法在基于数据的市场中也不再可行。**企业需要计划和进行生产性的破坏；要随时从根本上重新思考企业的运作方式。此外，定期进行流程改造或进化也并不可行，企业需要毁灭流程，在这个过程中，旧方法会逐渐被摧毁，然后再运用实时的或可预测的数据使其重生。**

速度主宰着商业，任何对此有所怀疑的人，都不妨看看苹果公司过去 15 年来的命运。2000 年前后，苹果公司还处在水深火热之中。当时，它的个人电脑在市场上仅有 3%~4% 的占有率，前景一片黯淡。

它的产品很好，可是缺乏创新和新锐的设计。苹果公司甚至要将产权卖给死对头微软，这几乎让苹果的员工们感到绝望。很快到了 2003 年，苹果公司推出了 iPod 和 iTunes。当时，大多数人并没有注意到这一战略性的转变。毕竟，苹果公司怎么能凭借数码音乐播放器成为技术强势集团呢？然而，这一发展为苹果公司在 2008 年的转变打好了基础。这是史蒂夫·乔布斯的天赋得到最终肯定的一年。苹果公司向世界推出了 iPhone，带来了移动计算的新体验。

iPhone 是一大技术上的转变。它摒弃了当时盛行的黑莓手机的微键盘，而采用触屏。它看上去光洁而时髦，最重要的是，使用方便——这正是苹果产品的一大特点。iPhone 被推出后，苹果公司开启了一个新的发展时代，且其发展趋势近 5 年来都不曾减弱。

在这 5 年内，苹果公司推出了 iPad。iPad 一经推出就被一抢而空，人们对它赞不绝口。此外，苹果公司还推出了新一代 iPhone，延续了其在智能手机市场的主宰地位。到 2012 年，苹果公司成了历史上最有价值的公司，其市场价值最高达到 7 500 亿美元。苹果公司发展的脚步无人能挡。可是，像其他传奇英雄一样，苹果公司也有其致命要害，那就是它备受争议的 CEO。

2011 年 10 月 5 日，史蒂夫·乔布斯在与癌症的持久战中败下阵来。在与病魔的斗争中，他始终勇敢面对一切，很显然，他已经接受了金钱能买到的最好治疗，可是胰腺癌太过顽劣，他的命运也就此终结。乔布斯去世后，苹果公司好像失去了方向。2012 年秋天发行的 iPhone 5 就不太令"果粉"满意。最终，它低于期待的售价据称，由于销量不尽如人意，苹果公司还削减了其生产量。与此同时，苹果公司在智能手机市场上的主导地位也已被谷歌以及其安卓操作系统所取代——它的销量比苹果手机多出了近两倍。

这一迅速变化导致的结果是：在 2013 年初的 5 个月时间内，苹果公司就失去了价值2 500亿美元的市场，这相当于同期微软的总市值。真的就像是在坐过山车！过去10年来，如果你持有苹果公司的股票，那么一定会被各种涨涨跌跌搞得晕头转向。现如今，企业命运发生巨大变化的情况已经变得更加寻常，而且这些变化还会影响许多行业和公司。

随着消费者接触到的信息越来越多，他们之间的相互联系也变得更加频繁。如果一款新产品或服务对于终端用户来说很新颖、有用，并很有价值，那么它很快就会像病毒般扩散开来。它还会围绕着产品的口碑在网络化的市场中进行自我强化，直到消费者争相购买。

云化的一大影响是：任何创业公司一旦建立起需求，都能马上扩大业务。因此，能为其产品和服务生成良好口碑的公司也能马上扩大业务，以满足这些口碑引发的需求。如此一来，传统公司的规模与结构优势会继续恶化。其结果就是，为了赶上那些不受资金限制的创业公司，传统公司将会面临巨大的创新压力。

业务速度不断提升，这已算不上稀奇事。过去几十年来，这已成为纵贯各行业的一大趋势。然而，我相信，我们即将进入一个新纪元。在这个新纪元里，业务的加速将超过我们过去看到的一切事物。如此看来，只是改进商业流程还不够，事实上，它要经历一场革命—— 一场我们从未经历过的革命。

DATA CRUSH | ### 新常态

在公司的流程、产品和服务中寻求阶跃变化。一旦有可能，就尽快实施，并判断这些变化的效力，看它们能否促成积极的消费者回应。一旦作出阶跃变化，就应运用数字渠道和社会化媒体为这些变化创造口碑。光作出改变还不够，公司真正的目标是让外界意识到这些改变，并为之疯狂。

DATA CRUSH

|第15章|
数据赋能，挖掘你最具价值的数据资产

未来 10 年，数据的指数级增长趋势将进一步增强。对于那些懂得如何管理和使用这些数据的公司来说，它们将是一座潜在的金山；而对于那些不知道如何管理和利用数据的公司来说，它们就将会成为一大负担。这样一来，如何让旧数据焕发出新价值，如何提升数据赋能，如何量化商业流程，对于这些方面的洞察，将使商业决策更加优化。

▶ 永远不要"离线"
▶ 旧数据的新价值

很多公司逐渐发现，它们经营中生成的数据正呈现指数级增长。对于那些懂得如何管理和使用这些数据的公司来说，它们将是一座潜在的金山；而对于那些不知道如何管理和利用这些数据的公司来说，这些数据将会成为一大负担。如果 2010 年之前的趋势能持续延续下去，那么各公司的数据量将会继续成倍增长。事实上，现在与我合作的一些公司，其产生的数据量已经在逐年成倍增长了。这些空前的数据量会变得越来越难管理，可同时，它们也代表了一家公司最具价值的资产。

历来，大部分数据增长都来自企业内部，其中不仅包括结构化系统，比如 ERP 系统、SCM 系统、CRM 系统，还包括最近比较流行的非结构化系统，比如企业内容管理系统（ECM）、档案管理系统（RM）和协作系统。公司可以通过合并这些系统，对它们的操作过程、消费者和产品与服务的消费方式产生更深刻的了解。然而，许多公司在合并存储于这些结构化和非结构化系统中的信息时，遇到了很大困难。

结构化系统生成的数据随着业务的增长呈直线增长。如果某家公司的总收入每年增长 10%，那么它的结构性交易数据就很可能会以同样的百分比增速发展。然而，大多数公司的非结构化数据增长比率接近于其社会化媒体平台的增长比率，也就是说，它们每年会以 50% 或以上的速度增长。

这样的增长可谓意义重大，因为诸如微软 SharePoint 和 Jive 之类的企业协作平台能模拟社会化媒体的功能，并将其纳入企业场景。这样一来，一家公司对其内部协作平台的利用越多，它的数据增长就会越快。

正如在第 6 章中所说，**合并结构化和非结构化数据的问题是实施大数据分析的一大重要挑战**。它之所以困难，是因为从大数据中提取新想法和新认识的做法，需要从多种数据来源中将数百条数据流转化成能够理解的东西。公司及其管理者很轻易就能处理来自财务、物流和销售系统的结构性数据。然而，非结构化数据，比如来自消费者服务系统、邮件、Facebook 或 Twitter 上的数据，足够让这些公司感到头疼了。不过，正是要将这两种数据流结合起来，才能创造出独特而有价值的见解。对于那些能够整合这些信息资源并运用其结果来改善经营方式的公司来说，这既是挑战，也是机遇。

在庞大且日益增加的非结构化数据中，最大的收获在等着企业。这些系统中的信息本来就很丰富，再加之其仍在不断地增长，那些打算从这些数据集中收获价值的公司会获得实质性的竞争优势。另外，非结构化的信息资源并不限于内部平台，大数据分析的伟大价值源于对公共平台（比如 Facebook）资源的挖掘。

无论怎样，致力于此的公司正面临着一大严峻挑战，那就是：如何消化这些数据集，使它们变得更有意义。由于大多数公共社交平台的数据正以 50%～100% 的增速逐年增长，所以公司掌握的社交平台的数据也正以相同的速率增长。事实上，据美国信息和图像管理协会（AIIM）对 2000—2010 年的估计，在公司生成的数据中，近 90% 都是非结构化数据，且这些数据的形式都是邮件、文件和博客，等等。此外，AIIM 还估计，大多数公司的非结构化数据的年度增长率至少都在 60%～70%。

这些数据增长意味着公司会将越来越多的信息技术预算用于控制原有的信息——这表面上看起来很不划算。因为法律法规会迫使许多公司保留它们自身业务生成的所有数据，所以，清除旧有数据并不是一个可行的选择。当然，这也不是一个明智的选择，因为这些陈旧的、未被开发的数据中还隐藏着许多未被发掘的信息。如此，公司不该也不能剔除这些数据，而是要将它们利用起来。那些能成功利用这些数据的公司将会发现，信息技术可以成为商业的战略性区分者，而不是另一个成本中心。

旧数据的新价值

大多数公司都已经认识到，在当前的信息经济时代，数据可以带来数不清的财富，因此很多公司还建立了防止信息被盗用的安全系统。截止2010 年，有着几个拍字节数据的公司在《财富》1000 强企业中并不少见（大约要用 1 000 个大型硬盘驱动器来装载）。要使这么多信息发挥作用，成本十分昂贵，尤其是数据量还在以每年 20% 甚至更快的速度增长。最终，许多公司将它们原来的数据存储在了千千万万个磁带里，因为磁带存储比网盘存储要便宜得多。

从资金花费的角度看，这个方法肯定很便宜，可是，将数据存储在磁带里，它们就"离线"了。这样一来，分析师们就无法及时地找到这些数据，因此也就无法帮助公司了解其消费者，更无法更好地帮助企业运作。

过去几年来，我见识过许多大型公司存储数据的方式。如果你看过电影《夺宝奇兵》，那么可能还会记得最后一个场景——方舟被放在一个盒子里，一名工人正将那个盒子推进一个仓库，而仓库里还放着成千上万个盒子。当我看到《财富》1000强公司的数据档案室时，我时常想起这个画面。几乎每一个档案室都是一个塞满了成千上万个盒子的仓库，里面装满了成千上万盒装有公司旧有数据的磁带。就像电影中的场景一样，一旦某家公司的数据被送进档案室，它就会永远失去效用——被埋在了堆积如山的盒子中。

有人也许会说，这些旧数据很多都没有什么价值了，所以，没有必要将它们保存在网上作分析用。对此，我有两种回答：第一，对结构化公司数据的分析，要结合诸如内部邮件和协作平台之类的非结构化数据，此外，结合诸如 Twitter 和 Facebook 之类的外部资源还是一种相对新鲜的做法。如此一来，两三年以上的旧数据就会被适当混合进新数据资源中，但其随后被挖掘出来形成新知识的可能性极小。从定义上看，**离线存储这些消息意味着它不能为公司的知识库提供知识。**

第二，根据摩尔定律（当价格不变时，集成电路上可容纳的晶体管数目每隔约 18 个月便会增加一倍，性能也将提升一倍），信息不管是被存储在磁带上，还是被存储在网盘上，其成本都会不断减少。同时，原有的信息量会保持不变，因为那是旧的信息，并没有被赋予新的含义。然而，当数据分析师运用公司的数据进行分析时，这些旧数据便能提供长久、深度、真实的背景，使分析结果更加准确、更有意义。如此一来，我们就能拥有未被发掘的、保存成本每天都在降低的资源。作为一种知识的基础，这些资源的价值每天都在增加。

数据赋能提升的3大方法

旧数据应该被存储在磁带上而不是网盘上的观点基于的是这样一个事实：磁盘可能会便宜 3 ~ 4 倍。然而，这一计算完全低估了可供分析的数据的潜在价值。假如数据分析很快变成了衡量一家公司是否成功的标尺，那么我相信，很快就会有人站出来反对使用磁带存储信息了。

此外，大部分公司并不注重信息存储系统的效能。尤其是计算机行业，人们大多关注的是信息存储资源的性能，也就是说，他们在使用信息时更加关注的是提取和存储信息的速度。这样一来，就不用去考虑如何有效地存储待用信息的问题了。当然，这些信息大部分时候都不会被用到。以下是提高数据存储效率的几种方法：

◎ **删除技术**：自动清除重复的文档；
◎ **数据压缩**：移除文档中多余的信息，以减小文档的规格；
◎ **存储资源随需分配**：只分配那些有用的资源，而不是预留多余的空间。

对于这些工具，我就不进行深层的技术讨论了，因为市面上有很多这类著作。但是，由于我们以后都将面临信息的快速增长，公司绝对需要使用所有能用工具以减少存储的数据量，使数据存储的效率实现最大化。

额外的流程也需量化

经过此番对数据有效性的讨论，我们应该清楚，公司必须掌握和利用所有能体现其业绩的数据。这需要两个重要步骤：第一，有意义地区分和掌握公司每一个商业流程的指标。尤其要注意的是，如我们在第13章中所讨论的，那些最能与企业的商业战略保持一致的商业结果和流程一定要通过操作性数据实现量化，以使它们能被监控和充分利用。一旦掌握了这些重要的商业指标，企业就得确保这些数据随时可以被用来分析。

我用"量化"来描述公司运作过程中的数据赋能。这与我在第9章中讲的量化相关，却又有所不同。量化是运用物联网化、场景化和大数据分析，来深度量化商业流程运行的来龙去脉。量化的目的是利用这些新工具和流程使企业的商业流程自动化。

当然，公司搜集有关其运作的数据已时日颇久。然而，交易数据和非结构化、协作数据的合并，能帮助我们进一步认识公司的运作方式并了解消费者怎样用公司的产品创造价值。此外，用于大数据中的统计方法能帮助企业进一步了解自己的业务和消费者的消费习惯。通过量化，公司可以量化其价值传递，从而减少价值传递的成本，提升其运营的盈利率。

量化还能助推第14章中讨论的加速这一目标的实现。如果企业想每隔18个月就将自己商业流程的周期减半，那么就需要利用这些流程数据。许多公司已经在实现量化的过程中，因为它是调度企业系统（比如ERP）的一个重要方面。然而，从数据角度来看，几乎所有公司内部都有至少几十个尚未被定义和监控的、额外的商业流程。由于这些流程未被量化，所以它们很可能会成为业务加速的瓶颈。量化这些额外的流程将促进业务的加速，同时有利于企业基于事实作出决策，这又提升了企业回应千变万化的商业环境的能力。

DATA CRUSH | **新常态**

如果你的公司商业流程缺乏必要的衡量标准，那么要尽快去掌握它。有了衡量标准，你才能看出公司是否能将一端化和加速化很好地运用到业务上。

数据分析，企业利润最大化

虽然保存大量数据的成本备受关注，但分析这些信息带来的效益也是巨大的。现今，人们开始日益强调对数据的分析能力，一是源于数据的有效性，二是因为最近出现了能大量"消化"数据的工具。到 2020 年，大数据革命将会结束。到那时，有积极地将数据分析作为其核心业务的公司，也有被排除在市场外的公司。

这或许听起来更像是一个大胆的预测，可我相信，**随着商业世界的极速发展，今天的机会将会变成明天的需要；而对于那些未采取行动的公司来说，明天的需要就有可能会是来日的讣告。**如今，一些比较前沿的公司已经开始将数据分析作为其核心竞争力。如果你的公司不属于这些公司中的一家，那么你已经进入了求生模式。事实上，在 2013 年，IBM 公司就预测：到 2015 年，它的数据分析咨询业务将超过 200 亿美元——短短 5 年内，其规模就翻了一番。

聪明的企业会重新调整企业，用新技能武装企业，以迎接这个善于分析的未来。**在未来 10 年，数据分析能力将会是商业成功的决定因素，因此也是事业成功的决定因素。**无论你有什么样的背景，无论你有什么样的技能，你理解和处理数据的能力的高低将决定你将来的事业能否取得成功。

**DATA
CRUSH**

新常态

公司应将数据度量扩展到非传统数据渠道，比如邮件、内部社会化媒体、搜集平台和消费者交流渠道。正如成功的公司会对其员工进行全方位的评估一样，你的公司对自己的商业流程、产品、服务也该进行全方位的评估。

DATA CRUSH

|第16章|

核心度量与 SPC，让流程减半

对于量化企业的业务来说，定义主要定量至关重要。业务流程输入、输出的所有方面都必须被定义，这样才能准确地检测流程执行的成功与否。一旦主要的操作数据被定义，企业就应该建立控制以便通过不断的优化和外包追踪流程表现。

▶ SPC：统计过程控制
▶ 不拒绝任何一位消费者的需求

我在第 9 章中已经说过，任何业务流程都是由众多子流程构成的，而每一个子流程都会产生相应的流程结果。每一个结果都可以被看成一个流程量。**任何商业化或者分化的流程量都应该通过外包来使流程的效率最大化。**一个流程量能否被外包关键在于定义好它的特征、性能，这样才能将流程及流程量打包，从执行的角度看才是可行的。

我在第 15 章中介绍了量化，现在我想扩展这个定义，深入讨论。在量化中，我们会研究所有描绘业务结果的度量，包括所需输入量、预想结果及将输入转换成预想结果的任务。量化没有航天科学那么复杂，它只是基本的系统工程。你可能会认为自己的公司已经完成了整个过程。试想：在过去 10 年里，你的公司外包过一项业务流程的部分或者全部吗？或许有。那么，下一个问题：你们抱怨过外包的结果吗？或许外包公司的服务很差，或许外包公司的结果不尽如人意，也或许外包公司由于与你的公司存有争议而未能满足公司的基本要求，等等。如果你的公司外包了部分业务，却没有抱怨结果，那你的公司就属于少数幸运者。

在我的职业生涯中，见过许多外包案例。以我来看，大多数外包结果都不尽如人意，当然这其中有许多原因。然而我相信决定外包成功最重要的因素是对于期望结果及方法的适当定义。如果有异常情况，那肯定是由于对输入、输出及两者间的转换定义得不恰当。

定义核心度量

量化过程归根到底就是对驱动公司各项流程的数据量的定义和追踪。几乎所有公司都有一套核心度量可遵循，以此来判断现有流程是否健康。这并不新奇。许多经理对每天靠翻阅周报、月报来判别业务进展的情况已经司空见惯。然而，我发现很多公司关注的数据量大多集中在最终结果上，而不是增加值上。这样使用数据量是很自然的事，因为大部分组织都以他们的底线为准。所以，他们追踪的数据量都是有关资源使用（成本）及销售（收益）的。

当然，这些数据量对于决定业务健康与否至关重要，因为它们对财务业绩能起到奠基作用。然而，由于很多公司不得不外包越来越多的流程且越来越追求业务增加值结果的灵活度和效率，所以这些高级别的量将会变得不再重要。因为一些数据量，如成本、收益、收益率都是业务流程的最终结果。这些数据量可以告诉企业整套流程的运行状况，但是对于相同流程的问题或者机会点却揭示得很少。无论企业是追求更高的效率，还是更高的灵活度，都需要提高业务的速率。**核查每个流程，找出改善的机会点。这需要企业的业务量足够支持流程内的业务结果分析，以便找出潜在的改善机会。**这种大规模的度量能够有效提高企业搜集和分析的数据量，但若企业想推进自己的业务则需要实行大量的结果型创新。再次说明，无论是商品商——想寻求更高的效率，还是价值商——想寻求更大的灵活性，企业搜集并基于此做决定的数据量都直接影响着企业能否成功地保持竞争力。

搜集并基于此做决定的数据量，不同行业各不相同。然而，记住第13

章中的战略指引至关重要——**最有价值的数据决定于企业对消费者的价值定位**。如果你在生产某种日用品，那就不必在 Twitter 或者 Facebook 上推销，以提高知名度了。然而借助于物流供应商，如联邦快递或者 UPS 来提供消费者订单实时追踪就很有必要了。如果你是增值服务供应商，那么消费者对于你的产品或服务的评价对你来说就是最重要的信息。你应该搜集数据，进入 Twitter、Facebook 可能是你改进流程的一项重要驱动。

DATA CRUSH | **新常态**

定义主要度量对于量化企业的业务至关重要。业务流程输入、输出的所有方面都必须被定义，这样才能准确地检测流程执行的成功与否。

统计过程控制（SPC），让流程可控

一旦一个业务流程所有的相关数据量及其结果都被定义了，那么下一步就是定义这些数据量的范围。这就意味着要为每个数据量设置界限，以便你能轻易辨别出流程是否处在控制中，或者结果是否一如预期。对于流程控制有一整套的工作方式，通常被称为统计过程控制（SPC）。许多制造业公司会用 SPC 来找出、分析和解除生产流程中的故障。很多制造商如通用电气、3M 公司、福特等都曾以使用 SPC 极大地改善了操作流程而闻名。

这项应用诞生已有约 20 年之久，然而许多公司都还没有使用它来提高效率，尤其那些不会立即涉及量度的业务，例如人事流程中的招聘、升职和营销流程中的广告、客户关系管理等。然而具有讽刺意味的是，这些公司会把这些流程中的许多都外包出去，表面上看是为了改善结果。

由于这些流程大多都没有被定义的数据量或者被控制，那如果将它们外包，结果是不是就不会那么令人满意了？事实上，潜在的问题不是流程被外包或者说外包不能很好地代表企业的运行流程，相反，问题是企业没有适当地定义好流程的控制。这样，企业就不知道流程运行得准确与否，或者当运行出错时不能很好地采取预防措施。

如果你同意我之前关于"一切即服务"（Eaas）的预言，那么，如果你想在新市场上驰骋，这些控制和数据量就都是必要的。如果从外包整个流程转到外包个别流程结果，情况就更加如此（正如我们在第5章中讨论过的一样）。

DATA CRUSH | 新常态

一旦主要的操作数据被定义，企业就应该建立控制，以便通过不断的优化和外包来追踪流程表现。

不拒绝任何一位消费者的需求

一旦企业实行了量化和控制，就可以开始分析企业的业务流程表现，以进一步优化它们了。这种优化必然包括外包每个流程业务结果的部分或全部。如果企业了解了这些流程的表现，那就可以更好地操控它们。

为了达到优化，公司要善于协调。这意味着公司所有的增值业务都要配合起来，以产生期望的结果。假如流程内的结果有一部分要以某种形式外包，那企业协调这些结果创造出最终产品或者服务的能力就决定着业务能否成功。将来能够有效利用各个因素或结果来产出最终产品，并能及时将这些结果反馈到业务上的公司才可能胜出。速度将决定成败，但是在保持对高度外包业务流程的控制中，公司的协调作用将是重中之重。

对于遵循商品战略的公司，协调将是一大挑战。因为它们一旦更高效，其售出的每个增值单元的收益率将仅仅依靠其折扣，而折扣又是基于增值结果的。**要想获得折扣，就要求这些公司对未来消费者需求的判断几乎一直是准确得几乎完美。**

协调对于遵循增值战略的公司来说更加困难。因为它们要协调业务结果来满足数以千计甚至数以百万计的市场。这就是为什么对于增值服务公司来说，辨别这些核心的增值、商品结果尤为重要。一旦辨别出这些，它们就会尽可能地变得高效，甚至积累。这样一来，满足不同增值结果的要求就会变得刻不容缓起来，而这些增值结果又是各个消费者定制化消费的基础。

假如你是位有名的婚礼蛋糕师，你因独特的蛋糕创意而闻名，而且会为每位客户量身定制，你的价值定位是"世界上没有两个完全相同的蛋糕"。通常，蛋糕的大部分工作是：在做出消费者要求的形状后，再装上独特的饰品，如糖霜或者糖果。

对于这项业务来说，商品或者说增值结果是用于制作每个蛋糕的蛋糕坯子。有名的蛋糕师可能会对有创意的、定制的蛋糕收取高额费用。然而事实上，蛋糕坯子大概每个只值 5～10 美元，它们对于最终产品来说虽价值寥寥，对于最终产品来说却必不可少。

作为蛋糕师，你的业务会包括从众多选择中提供几种蛋糕搭配。你使用的蛋糕坯子都是标准的形状（如圆形、正方形、长方形），每个蛋糕的蛋糕坯子就是一个商品。通过优化你可以增加增值过程的速度或者灵活性。那么，你怎样来优化这种商品业务输入以实现最大化收益和利润呢？

如果有 10 种搭配可以选择（香草、巧克力等），而且通常用 5 种

不同的形状来做蛋糕，那你就会有50种不同的搭配。由于蛋糕可以
提前烤制，如果冷藏可以保存几个星期甚至几个月，那你就可以储存
蛋糕。这样，一旦消费者下单，就会有现成的蛋糕坯子。而且，将蛋
糕坯子外包也是可行的。外包商可以提供稳定的蛋糕坯子供应，以便
你为消费者定制蛋糕。而且，每个蛋糕坯子的成本都比自己独立完成
一个蛋糕要低得多。所以，保证库存不仅仅是可行的，而且更具有商
业意义。

　　如今，只要蛋糕依然美味，消费者体验依旧，那这些蛋糕就能被
认为是商品增值业务的结果。虽然你会使用这些蛋糕坯子来做出最终
的产品，但是怎样做出蛋糕坯子与你的最终产品是不相关的。当你需
要它们时，有库存很重要。最糟糕的事情是，你没能拿下一个价值几
千美元的订单，只是因为你没有准备好一个仅值5美元的蛋糕坯子。
所以再次强调，保持库存很重要。或者，你可以将此项业务外包给另
一个蛋糕制作商，以备不时之需。

在这个例子中，业务重点在于增值无商品的最终产品，然而，最终产
品却依赖于一个或多个商品的组成部分。**为了最大化这一业务中的利润，
企业应满足每位消费者的需求。换句话说，永远不要因为没有蛋糕坯子而
拒绝一个有需求的消费者。这样，量化的必要步骤就是建立和维护好所有
可能用到的50种选择**，如此一来，企业就不用拒绝任何一个消费者的需求。
当然这种方法有点浪费——你手中储存的一些蛋糕坯子可能会用不上。不
过，你可以为了某一个订单的利润而丢掉200个这样的蛋糕，因为这项业
务能有力地支持存货。

你现在可能处在一个单纯的商品业务中——没有太多竞争和差异。在
这里，最大化每一步的成本效率对于总体的成功来说至关重要，正如上述
例子中供应基本蛋糕坯子的蛋糕制作商一样。这在今天的商业环境里尤其

如此。互联网给消费者提供了巨大的市场透明度和完美的竞争。

量化对于现代商业来说不是一个新概念。然而，在接下来的 10 年里，公司要用的数据量和控制的规模、范围将被大大提高。业务流程将继续加速，业务量将继续增长，越来越多的商业活动会进入外包市场。业务会依赖于自动化的定量和控制以便更好地协调所有活动，确保业务如期实现。所有这些协调将包括创造和分析大量的操作数据，因此公司必须在将来努力支持数据的集聚。

DATA CRUSH | **新常态**

在流程表现通过量化和控制得到改善时，公司应通过数据分析、例外处理、预见性检测来进一步提升表现。这么做主要是为了促进所有业务流程的周期，力求将 12 ~ 18 个月的周期缩短一半。

DATA CRUSH

第17章

游戏化思维，成本最低的商业驱动力

数字娱乐已成为一种文化驱动力。事实上，给用户带来参与感和娱乐体验是数字商业取得成功的一大重要原理。游戏化思维能够激励创新——这一切都不需要成本，或只需要少量成本。但大多数公司很可能已经实现了内容和流程的游戏化，却还未实现管理的游戏化。

▶ 大富翁：麦当劳的免单奖品
▶ SharePoint、Facebook："赞"与金钱双丰收
▶ 差评？恭喜你！

如我在第 4 章中所说，数字娱乐已成为一种文化驱动力。事实上，给用户带来参与感和娱乐体验是数字商业取得成功的一大重要原理。大多数人如今乐此不疲地追着一连串任务跑：当你试图去完成这些任务的时候，它们会变得越来越复杂；而你一旦完成任务，就会获得分数。更有趣的是，参与者或玩家如果表现得好，就会获得某种认可或奖励。未来 10 年，在游戏中完成工作，或是将工作"游戏化"，将成为数字战略的重要驱动因素。简单说来，游戏化就是将游戏或运动的观念（比如竞争、得分和奖励）运用到商业流程中。

以备受欢迎的俄罗斯方块这款游戏为例。在游戏中，玩家要完成一个任务——移动、旋转和摆放游戏随机输出的各种方块，使之排列成完整的一行或多行。当玩家完成这个重复的任务时，就会得分。越往后，游戏会变得越复杂（越往后，方块落下的速度会越快），对于玩家来说也会越来越具有挑战性。当游戏的难度超过玩家的能力时，游戏就结束了，这就给玩家带来了挑战，促使他们提高技能，以获得更高的分数。

若将游戏化思维运用到商业流程中，我们会运用同样的规则去实现更好的结果。根据我在第 14 章中所说的，企业希望用同样的资源，使商业流程的产量翻倍。如果企业设定好了一种评分机制，允许流程的参与者获得分数，然后给参与者设置一个目标，让他们把产量翻倍，那么他们的表现可能会让你吃惊——这就是积极反馈机制的力量！

当游戏化思维被运用到基本的甚至无聊的任务中时，用户完成任务、提高表现的动机就会增加。事实上，如果你给参与者一个超出他们能力的目标，你会发现，他们会摒弃故步自封的想法，去寻找新的表现方法，以获取更高得分。因此，**游戏化思维能够激励创新——这一切只需要少量的成本，甚至不需要任何成本。**

这看似不大可能，可诸如家得宝、亚马逊和沃尔玛等前沿公司已经采用了这种方法，而它们的投资也卓有成效。游戏化的有趣之处在于：它既能很好地激励消费者，也能很好地激励员工，且激励效果都是一样的。如果你正确运用了游戏化思维，那么你不仅会提高员工的生产力，还能引导消费者的消费习惯，从他们身上获取更多价值。

> 过去20年中，如果你玩过麦当劳的"大富翁"游戏，那么你就是一个具备了游戏化思维的消费者。麦当劳在这款游戏上取得了巨大成功：它利用大富翁卡片推动了消费者的购买习惯。如果你想不明白为什么只有购买麦当劳菜单上指定的东西才能获得大富翁游戏卡，那是因为这些都是最能盈利的产品。麦当劳利用游戏的受欢迎程度来提高最能盈利的产品的销量。这些商品的销量不断增长所创造的利润，就用来弥补麦当劳购买奖品的钱。

事实上，人们获得的奖品大多是免费的。而这些产品都是他通常不会购买的，这样一来，这些奖品就提高了其他产品的销量。这个例子并没有完全利用电子商务或数据分析的力量，但它却足以说明了游戏化思维对消费者的购买习惯有着巨大的影响。

DATA CRUSH

新常态

如果你的公司还没有在你的内部协作平台上推广游戏化思维，那就尽快去做！找出那些能在这样的环境中逐渐发展的员工，并鼓励他们，因为他们正在不断地为公司作出贡献。

开始游戏：启动评分机制

也许，要将你的公司游戏化，最容易的入手点就是：在公司的协作工具中实施评分机制。尽管不是唯一的协作平台，但微软的 SharePoint 产品在世界各大公司中已经占有了 70% 的使用率——有时候甚至连它们自己都不知道！SharePoint 是一款软件产品，它支持用户发布和共享文件、进行在线交流，并为团队营造一个虚拟的工作室。这些工具会使它们的目标观众变得两极化——人们要么喜欢它，要么厌烦它。然而，对于那些买进了 SharePoint 产品的商业团队来说，这个工具已迅速成了团队成员交流的重要联结方式。

在具备了这些功能后，SharePoint 就能够支持评分了。如果某人在 SharePoint 上看帖子，那么它就可以根据帖子的商业价值、内容质量和相关性等作出评价。换句话说，SharePoint 是游戏化的。它支持文件和帖子的评级，允许人们"喜欢"某些东西，此外，它还开始形成了与人们放在 SharePoint 里的产品质量相关的数据。也就是说，你的公司很可能已经实现了内容和流程的游戏化，即便公司的管理还未能实现游戏化。

如果你的公司在诸如 Facebook 等社交平台上占有一席之位，那么这种情况也同样适用——人们可以为你发的东西点"赞"，由此开启一种评分机制。从游戏中获取价值非常简单——认真对待、提高期望。尽管我们谈论的是让工作更有乐趣，可是流程本身是一种科学，需要我们认真对待。若你的游戏化思维在公司中遇到了阻力——当然，这也在所难免，那就可以告诉那些反对者，游戏化市场的规模有多大，告诉他们游戏已经深入了大多数员工和消费者的内心。如今，在军队的训练中，游戏也成了一大要素，所以人们会认为，在没有武器的商业流程中实现游戏化也会颇有裨益的。

DATA CRUSH | **新常态**

将你的公司的在线消费者互动平台游戏化，比如公司网站、博客和社会化媒体账户。找出那些参与游戏化互动的消费者，以造就一批能通过与你的公司进行游戏化互动而创造商业价值的消费者。

得分与奖励：深化消费者的参与感

在将工作流程和结果游戏化的过程中，大多数人会遇到一种有趣的现象。有些人会回避游戏化，因为他们不想自己工作成果被同事或消费者"评分"。但有些人会喜欢这个回馈，事实上，他们对此已经渴望已久。哪一类用户将会是企业为游戏化付出的先行者？后一组！

从企业的协作平台和社交网站开始，设置评分机会，然后基于这些得分制定奖励机制。**奖励不一定是物质的，但它需要得到认同及被公开，越能被认同越好。**这样一来，企业就会开始强化潜在参与者的习惯，不管是员工还是消费者，或者既是员工也是消费者也好。随着有些使用者得分的提高，企业得祝贺他们取得了好成绩，然后设置更大的挑战。

企业很快就能发展一群用户，他们有着很强的动机，能保质保量地创造工作成果。如果这些成果来自企业现有的员工，那么，很好，你鉴别出了最有价值的员工。如果他们是消费者，你就会发现，他们是最有利可图的消费者，而且，他们还是在免费为企业工作。

DATA CRUSH

新常态

形成一定的分析能力，检验游戏化的结果，并加以利用，尤其是那些注重消费者互动的结果。企业的目标是判断从参与游戏化的消费者身上获取的盈利率，并尽快提高它。

适应与扩张：让游戏转化为货币

据估计，到 2016 年，移动商品和服务的商业市场会超过 1 万亿美元，而且，到 2020 年，这个数值很可能会变成 2～3 倍。抛开企业所在的行业、企业规模和位置不说，如果到 2020 年，企业有半数业务不是通过移动资源运行的话，那么企业很可能会遇到麻烦。这里并未对企业的外部业务（企业与消费者之间的互动）和内部业务（企业内部的互动和处于价值链中的企业的供应商之间的互动）加以区分。到那时，企业要有至少半数业务通过移动渠道——越多越好。

2013 年，用户在智能手机上的第一大活动就是玩游戏，玩游戏的时间甚至超过了打电话和上网的时间。未来 10 年，如果你的公司正在计划用游戏化思维来提高业务，或是希望参与爆发式增长的移动性，那么，你很走运。根据我在第 10 章中的预测，知道如何将消费者的移动体验进行游戏化的公司很可能会赢得消费者的注意。鉴于此，我相信，未来 10 年，成功的公司会将游戏化作为生产力增长的关键。

如果你之前不曾做过（若真没做过，那就太 Out 了），登录 YouTube
试试，搜索有关你公司产品或服务的视频。你如果找不到各种各样消费者
制作的视频，那我会觉得奇怪——而你也应该担心了！ YouTube 上每天都
会出现数不清的内容，你最好希望至少有一些消费者在谈论和评价你的公
司。如果甚至都没有人在 YouTube 上提起你公司的产品或服务，那么你的
问题就大了。

现在我们假设你经过搜索后发现有一个或几个人对公司的产品或
服务作出了消极评价。那么，恭喜你！你算找到了一个市场机会，但
是，你必须迅速而决断地采取行动。如果有人在网上抱怨你的做法，
或是抱怨你没有做到什么，那么努力和他们就此进行交谈，对他们的
消极评论作出回应。如果有人找出公司业务中的缺点，给他奖励，这
样你可以改变他们的消极看法。这个找出缺点的人已将互联网作为一
个分享观点的论坛，他很可能会将你的回应态度告诉大家。这是最基
本的游戏化，有些公司已经做到了这一点。

作为一种流程，游戏化会为企业的业务引发一系列新的数据和管理要
点。**要让用户具有反馈的能力，要维持不同内容和 / 或不同用户建立起来的得
分，还要实施和管理奖励机制。**许多工具能够支持这一类功能，还能让企
业管理其他软件工具的游戏化。

虽然你的公司还需要付出额外的努力、时间和金钱才能支持这项功能，
但它带来的效益很显然会超过这些额外的成本。找出你公司里面那些正以
可计量的方式增加价值的员工，让他们来开展和支持游戏化。同样，将各
种在线渠道游戏化会增加运作成本，然而，用消费者数据和你收获的内容
来弥补这些成本，有过之而无不及。

就消费者亲密度来说，游戏化还是增强消费者亲密关系的一种方法。它能满足我们在第 2 章中讨论的参与需要。无论是玩游戏、上博客，还是制作家庭录像，如今，消费者想要参与自己的生活。而且，如果你的公司提供了一个平台，让这些人看到自己的付出有了积极的反馈，那么他们就会像蜜蜂见到蜂蜜一样重新回到你的平台上来。观众的反馈能让人上瘾，而你的公司的游戏化正是要达到这种效果。

四处看看，你会发现许多大型的成功公司已经实现了游戏化。这些公司通过游戏化思维（比如评分、晋级和奖励）来激励员工和消费者，从他们身上得到了额外的价值。谁说工作一定是枯燥乏味、剥夺人性的？运用游戏化思维，人们会乐于为你的公司奉献价值。**游戏化可增加人力资本的生产力，还能促进商业流程有效性的提高。**在前两部分描述的变化面前，游戏化势在必行。

DATA CRUSH | **新常态**

制定一个战略和预算，将公司的游戏化转化为货币。将认知和现金结合起来推广公司的游戏化平台，将进一步提高公司的收入和利润。

DATA CRUSH

|第18章|
众包，将观众的作用发挥到极致

企业该如何开始挖掘众包资源的海洋？又该怎么与消费者保持良好关系，使他们为企业"所用"？要实现这一点，企业需要将社交化、云化和游戏化手段相结合，形成一种有效的"配方"，用以创造新的、吸引人的甚至几乎免费的内容。

▶ 社会化媒体的"内容工厂化"
▶ 家得宝：产品介绍与使用说明的众包

第10章中讲的是操作性数据如何使公司创造出大量的商业流程并外包出去。这种现象正在开创一代新的商业模式：**由外部公司来管理投入和产出的流程。这些公司已将流程最优化，使其以最小的成本产生预期的结果。**这类公司包括 Paychex 公司和 Ambrose 人力资源公司，它们专门提供实用、可靠的商业结果。这些公司的目标是提供无形的信息服务。此外，它们还努力以低成本获取相同的结果。**实际上，大多数风险资本家都不会投资那些没有将公用设施作为其运作模式的创新公司。**

这些供应商之所以能够实现它们的外包结果，是因为它们消化和利用了大量的数据资源。随着越来越多的消费者参与进来，它们便获得了更多也更有意义的见解，也就知道如何以最高的效率和最低的成本来获得结果。有了这些效率，供应商就能比消费者能更好地实现商业结果，这足以解释为什么在2013年流程外包会发展成一个价值上万亿美元规模的行业了。如今的外包工作量是以流程计算的。也就是说，整个商业流程，比如人力资源、客户关系管理和工资都是以整体的形式外包的。然而，未来10年，这一趋势很可能会发生变化，因为子流程外包的市场会变得越来越发达。

未来，外包业务发展的驱动力是公司对高效率和灵活性的需要。如第13章所说，竞争环境的变化会迫使公司提高运作的效率和灵活性。《财富》

1000强公司中，大多数已经实现了某种程度的外包，因此，要提高这种服务，承包商身上背负了更大的压力。

为了进一步实现有效性或灵活性，承包商会开始将部分商业运作外包给小型的、专业化的公司。比如，Paychex是一家工资处理服务的主要供应商，对于其他公司来说它也是承包商。反过来，Paychex发现，将自己的印刷服务外包给第三方供应商会使自身的运作更加有效。因此，Paychex可以创造和支持一个印刷服务市场，而多家印刷供应商就在这个市场中竞争它要外包出去的流程。这样一个市场使Paychex获得了最大化的价值，然后，它又可以凭借其在自身市场中的竞争力，将节约下来的成本传递给消费者，等等。

我希望，社交化、场景化和量化的力量，加上全球劳动力的可用性，能让这样的微市场在未来几年发展壮大，这样就可能使众包模式得到大范围的采用。我此处说的众包是指，将细小的工作或业务外包给潜在的供应商群体。一旦这些劳动和商业结果市场得到发展，它们就会给外包公司的业务流程带来更大的效率和灵活性，如同我们在第13章所说，**公司要保持竞争优势，就得提高效率和灵活性。**

此外，大多数新结果的供应商都会以云技术为基础，因为它们需要尽可能做到高效与灵活。众包很快就会被云化，因此，原先实行外包的公司就会失去对工作成果及其生产方式的控制，可是，由于云化带来的效益很客观，所以它们也愿意接受这种损失。而且众包和云化的观点算不上新鲜。自互联网出现以来，它们就已经存在了。

说到众包，最好的例子或许是Linux操作系统。这是一种免费的操作系统，每一个人都可以不用经任何人同意地免费使用。多年后，成千上万的人都在花费时间、精力和专业知识去开发一种能与Linux

系统能平起平坐的操作系统（比如 Unix 或微软的 Windows）。后来，Linux 被几家公司商业化了，比如红帽子公司（RedHat），它利用 Linux 设计中固有的效率，从竞争体系中获取市场份额。最终，Linux 成了一项大多数《财富》1000 强公司都会参考的技术标准。同时，它也印证了众包模式的成功。

就像它的名字一样，众包可以简单理解为由众人参与的大量交易。当然，这势必会生成大量数据。公司可以利用这些数据去改善和优化众包市场创造的产出，还可以通过游戏化的方式给不同的供应商评分。此外，对于那些采用了第二部分提到的 6 大改变和第三部分提到的 5 种方法的公司来说，众包将会是它们的终极产品。

DATA CRUSH | **新常态**
实施云化、数量化和定量化，以使公司的业务可进行众包。

适销性构思，外包流程的优化之道

适销性构思是一个流程，它能让企业的外包业务进行得更顺利。若运用游戏化和量化原则，那企业就会在将来的市场中大获成功。在新兴社会经济中，恰当地利用这些市场有助于公司保持竞争力。因此，是否加入这些市场决定着企业将来的成败。

通过量化，企业可以创造商业流程，而为了方便外包，企业已将这些流程打包好。量化是一种重要的度量，同时，它能帮助企业掌控一些信息，而企业正是根据这些度量和信息来判断外包出去的商业流程是否能满足消费者的期待。社交化会让企业与消费者和潜在的服务供应商保持良好的关系，以确保商业结果的来源。最后，游戏化会让企业的气氛变得更轻松，还能给予表现最好的员工心理和金钱上的奖励。说到这里，我希望所有这些力量都能相辅相成，而企业在回应这些力量、采用这些方法时，要考虑到它们的相互依赖性。

DATA CRUSH | **新常态**

鉴别出企业内部那些擅长组织和策划商业流程的人。因为一旦企业将更多的价值链放到云市场上，这些人就十分有助于企业实现运作效率。

众包，企业效益和灵活性最大化的利器

为了正确利用这个效率和灵活性的趋势，外包商和一手承包商都得创造商业结果的市场。这些市场虽开发缓慢，但却会迅速发展，甚至是爆炸式发展。其原因不言而喻。如今，使用社交平台的人数不胜数。其中，也有许多人正在找工作，可是，随着婴儿潮一代人的老去，有些技能会变得越来越难掌握。此外，尽管实现了云计算和量化，公司很容易选择自己的工作量，可是外包商对效率和灵活性的需求会日益增长，这也会强化对这些市场的需要。如此一来，所有公司，不管是外包商还是承包商，无论企业是想获取短期效益还是长期生存，都应该促成这些市场的开发。

另外一个促进众包模式发展和最终实现云化的因素就是游戏化的广泛使用。**一旦核心业务流程实现了游戏化，那么将它们转化为商业利益也就指日可待了。**这样就创造了一个结果市场，而这本身也是企业的目标之一。如之前提到的，游戏化的一个连带作用就是：它为公司引进了一整套新的劳动力资源。假设实现全球化联结的观众有 600 亿，而这 600 亿观众

正不断寻找着新鲜事物，那么能将"乐趣和游戏"融入企业任务的公司就会得到一大批可靠的劳动力——他们能免费完成任务，或者说接近免费，他们会为了获得得分、虚拟的礼物和其他心理奖励而工作。

有人说，这是一个严肃的市场，那么他们该看看那些创新公司，比如丝芙兰（Sephora）、威瑞森（Verizon）或家得宝——这些公司不仅与消费者保持着良好的关系，而且会让消费者参与其中。它们的社会化媒体演变成了"内容工厂"——在这里，消费者可以免费看到企业的产品评论、客户评价、培训和宣传资料。反过来，这些人与其赞助公司的关系也会变得更好，公司也能从他们身上获得更多利润。

家得宝公司的网站上有一系列产品介绍和使用说明。其中一些内容是由家得宝公司的员工编写的，而大部分内容却来源于消费者。家得宝公司会将消费者的独特体验、想法和建议写在网站上，供其他人参考。如此，家得宝公司几乎不用任何成本就能为消费者增加价值，教他们使用特定的产品。

DATA CRUSH | **新常态**

通过游戏化提高众包效果。努力建立市场口碑，让人们相信和你的公司合作会得到好处，并奖励那些能够产生结果（而不仅仅是传递你期待的结果）的人。

从众包走向云包

那么，企业该如何开始挖掘这一资源的海洋？企业又怎么与消费者保持良好关系，使他们为企业"所用"？要实现这一点，你需要将社交化、云化和游戏化手段相结合，形成一种有效的"配方"，用以创造新的、吸引

人的，甚至几乎免费的内容，然后将这些内容运用到你的公司中。

这样的例子数不胜数。比如，家得宝公司的在线社交平台。一部分是为了方便那些喜欢自己动手的人（家得宝公司的消费者大部分都是这种人），家得宝在它的网站上上传了一些来源于用户的内容。从视频演示到问答指导，家得宝创造了丰富的消费者体验，增强了其品牌忠诚度。这个方法吸引了消费者，让他们参与进来，成为方案的提供者。

家得宝的主页上有一个大的博客栏，消费者可以在这里发相关的内容：从产品评论到任务指导，从各种秘诀到最佳方法，无所不包。这些材料大都是由消费者或其他非公司成员提供的，但是家得宝会在一定程度上控制着这些材料的内容。其他消费者可以看到这些内容，并根据它们的有用程度排序，这就是游戏化的直观案例。

家得宝与这些人建立联系，还要付给跟帖的人报酬，这也要费不少劲。回答消费者问题和在原有的帖子上增加内容，都会得到报酬。他们的内容越多、越好，得到的报酬就会越多。这样一来，家得宝的"云包"业务得到了良性的发展。从早期的经验来看，结果市场能够提供越来越多的商业结果，而家得宝就可以全面利用众包，将其作为劳动力和专业知识的来源。

使用这个方法，有两点需要考虑。第一，家得宝要确保提供内容的消费者知道他们自己在说什么，确保他们是家得宝想要与之建立联系的人。第二，家得宝还要预防消费者的工作成果带来潜在风险。如果这些问题没有得到很好的解决，那么公司以这种方式让外部人员参与进来的做法就会有风险。

这两个问题，市场赞助商都会提出来。事实上，这对众包资源市场来说是一大重要的价值主张：对那些既作为供应商又作为消费者而参与到市场中的人进行验证与确认。

未来 10 年内，社交化的创造都应该变成更有用的东西：**实际的工作成果**。那些在游戏化的社交网站上获得高分的人将会成为外部顾问。他们会不断地提供有用的内容，而公司和消费者就会因此越来越认可他们。这些内容如果非常有用，公司就会正式赞助他们，付费请他们当作顾问，就像赛百味公司的代言人杰尔德·福戈尔一样。

这些人为赞助自己的公司大造声势，而他们的角色也变成了公司的"伪员工"。此外，他们的付出和付费方式也会越来越像传统的承包商或顾问。比如，如今，一个在公司社交网站上有着高级别的人会参与新产品的评估。5 年内，这个人还会受邀加入产品定义和开发小组，而他的报酬也会从"分数"和折扣转变成实际的金钱。而且，这些变化非常微妙，并不是有意设计的。**公司在认定各种社交明星后，会进一步利用他们的产出，然后以实物回报他们。**

随着外包趋势的发展，这种影响还会加强，越来越多的公司功能都会由外部人员完成。在微市场的爆发式增长下，未来的公司将不得不适应外包行业迅速发展的趋势。

外包是商业的进化，所以内部流程会被拆分成最基本的元素，每一个流程都会被定义为一系列步骤，而每一个步骤都有明确的产出和结果（量化）。因为商业流程的每一个步骤都被量化了，所以每一个步骤都可以被单独外包给能生成商业结果且要价最低的公司。如此一来，公司与其将整个商业流程外包给一个供应商，希望由它完成所有的投入和产出，还不如自己来管理流程，将每一个要素外包给一些交货公司或个人。通过这种机制，公司既能掌控它们的流程，又能掌控重要的商业数据，还能从外部的专业知识和价格竞争中有所获益。

云包是走向外包的最后一步。在云包的过程中，为了提高效率和灵活性带来的效益，外包商会对外包出去的流程失去一定程度的掌控。它们会将工作要求放到云市场中，让供应商去竞争。赢得竞争的一方将会按照外包商的要求产出商业结果，可外包商不会对它们如何来完成这些商业结果提出要求。这一预告对云包的发展至关重要，因为它能使承包商为了求得生存而注重流程的创新。

一开始，外包商会因为失去了这种掌控和监督而感到不舒服。实际上，不管是从责任角度还是从监督角度来说，他们都要相信自己不能这样做。然而，我相信这些市场会发展起来，以适应这些限制性的要求。我曾和许多经理人交谈过，他们都在积极寻找方法将一部分监督任务外包给第三方。有趣的是，监督标准和风险管理会将消费者推向云包。在这些问题的处理上，很少人能称得上是专家，所以，很多公司很难得到必需的专业知识。通过云包，那些稀有的专家会通过广大消费者得到调节。这对那些高度控制的行业（比如医疗保健和金融行业）中的中小型公司来说十分有用。

通过云包，未来 10 年将会出现一个全新的行业，其中会有许多创新公司，还会有具备专业技能和丰富经验的个人，他们都有着双重商业目标，那就是实现灵活性和效率。未来 10 年，我们会见证信息的爆炸式增长——其数据量我们也只能去猜测，而那些加入它们的市场和公司既会是这些信息的贡献者，也会是受益者。

DATA CRUSH | **新常态**

结果市场的出现会调节其自身的生产力和效率。一开始，你的公司可以只实现少量增长，以确保公司能以一个混合的结果模式运行。

DATA CRUSH

2020 年，大数据驱动大未来

在数据指数级增长的发展趋势下，未来会呈现出什么样子？技术发展和进步的当前状态以及其促成的社会趋势会是什么样的？而这些趋势和回应又该如何交织在一起，从而产生新的机会和挑战，以让那些想要在未来商业中保持竞争优势的公司把握？

▶ 情景 1：一场预谋下的拉斯维加斯之行
▶ 情景 2：减肥，用赘肉换收益
▶ 情景 3：一个准备期中考试学生的在线学习与谋生轨迹
▶ 情景 4：纳税申报表自动化之后
▶ 情景 5：一天一苹果（谷歌），不用请医生至此，我们已经对很多商业问题进行了详尽的说明。从促成大量数据增长的市场力量到公司为了在快速变化的世界中立足所需作出的回应，本书意在刺激你的想象力，并帮助你规划出一条工作路线。

我创建了 2020 年的 5 个场景，以描述在前文章节中所讨论的趋势下，未来会呈现出什么样子。在每一个场景中，我都回顾了技术发展和进步的当前状态，以及这些进步促成的社会趋势。此外，我还在每一个场景中阐述了这些趋势和回应是如何交织在一起的，从而产生了新机会和新挑战，让那些想要在我所展望的未来中保持竞争优势的公司去把握。

我的某些预测看上去或许有些"不正常"，但我不认为是这样。事实上，世界变化如此迅速，以至于有些预测可能落后于 2020 年的现实了。可我的目标仍然是呈现一种环境，在这样的环境下，公司的运作不得不考虑持续加剧的数据大爆发。通过这些情境，公司将会更好地了解其实施综合战略以增加第二部分中提到的几种成熟度模型的必要性。

情景 1　一场预谋下的拉斯维加斯之行

2020年4月10日，星期五

星期五一早，加州奥兰治县的贷款经纪人比尔就收到了一封由伊比芙尼旅馆（这里是拉斯维加斯一带最新、最棒的旅馆和俱乐部）发来的邮件。就在这个周末，伊比芙尼旅馆要举办一年一度的山地自行车展销会，有 5 万多人会来参加。邮件中提到，比尔可以以七五折的价钱在伊比芙尼旅馆住两晚上，且参会费也会打七五折。另外，他还收到了一张 50 美元的优惠券——如果他在大会期间要购买山地自行车，就可以使用这张优惠券。

比尔看了看日历，他当晚可以赶到拉斯维加斯，在那里待上一个周末，星期日再返回。虽然来回分别要开 4 个小时的车，可是，听起来还是蛮有趣的，而且最近一段时间他也确实想买一辆新的山地自行车。于是，他很快就在 Facebook 上发帖子说自己当晚要去拉斯维加斯，发完后，他就继续投入工作了。

下班后，比尔迅速回到自己的公寓，将两天要用的洗漱用品和衣服装进了行李袋，然后跳上了车。他一路往北向拉斯维加斯驶去，开到半路，他的车提示他可以在泰德加油站停下。加油泵扫描了他的 iPhone12 的屏幕，然后开始加油：7.35 美元 3.8 升，真便宜！他的电话指向街对面的星巴克咖啡店，然后比尔便开车过去用手机里的优惠券点了一杯喝的。

比尔点了一杯脱脂、有机、物美价廉、用绿色能源煮好的大杯拿铁咖啡，碰巧，这杯咖啡打折后的价格也和汽油一样：7.35 美元。他回到车上，继续前往拉斯维加斯，很晚才到达那里。

第二天早上，比尔和朋友汤姆一起吃早餐，汤姆还认识了两位新朋友——凯西和杰森。原来他们四人都想买山地自行车，而且他们都收到了伊比芙尼旅馆的邀请和优惠券。四人边吃早餐边交流最喜欢的骑车地点，吃完早餐后，他们就一起去参加大会了。

比尔走到会展中心的时候，发现手机里自动载入了大会的 App——它能在大会上为他提供向导，为他安排各种事项并进行各种演示，其中，还有一个寻宝游戏，用户一旦找齐列表上的所有物品就会获得奖品。列表上共有 25 项，比尔看到其他人已经找到了 12 项，于是他决定跳过这个游戏。然后，比尔走到 Biketilla the Hun 自行车品牌的展区，这是他最喜欢的自行车品牌……几周前，他就已经在网上搜索过这个牌子的自行车了。

有了伊比芙尼旅馆提供的优惠券，比尔发现他可以以低于当地自行车行 300 美元的价格买到 Savage 250 型自行车。于是他用信用卡买了这辆自行车，并安排下周发货。由于在展览期间买了自行车，比尔又得到了伊比芙尼餐馆的三折优惠券。接着，他观看完了剩下的展出，并看了看其他感兴趣的东西。然后，他离开展场，开始找地方吃晚餐。

下午 4 点左右，比尔又收到了一封邮件，邀请他到伊比芙尼的旗舰餐厅 Squishy 寿司店共进晚餐。他 6 点左右到达那里，发现自己将和其他 Savage 250 型自行车的车主以及 Savage 的产品经理一起用餐。用餐非常愉快，车主们分享了各自的骑车乐事，而新的车主则期待着拥有同样的体验。最后，比尔带着新买了自行车的兴奋和多了 15 个 Facebook 好友的喜悦，朝房间走去。

第二天，经过一番整理，比尔点击了伊比芙尼 App 上的"付款"按钮。当他走到前厅时，他的汽车也在付款台等着他，账单已经通过邮件方式寄给他了，同时，他的钥匙也自动失效了。在开车回家的路上，他又收到了星巴克咖啡店发来的邮件，邀请他进去，可他那时并不怎么想喝咖啡。星期日晚上，比尔很晚才到家，到家后，他卸下行李，开始憧憬他 Savage 250 型山地自行车的美好之旅。

| 幕　后 |

通过这个情境，比尔即时利用了那些看似凭空出现的商业信息和优惠券，让我们看看这一切的背后到底蕴藏着什么。

·伊比芙尼旅馆的折扣

前几周，比尔搜索了几种不同型号的山地自行车，但还没有决定该买哪一辆。他访问了几次 Biketilla the Hun 的网站，并在 Facebook 和 Twitter 上也提到自己倾向于 Savage 250 型号的自行车。Biketilla 在做市场调研（对社会化媒体源的大数据分析）时发现了这些信息，于是根据比尔的网络档案（工作稳定、收入不错、愿意在业余爱好上花钱，所以有可以任意支配的收入）确定他为潜在的消费者，然后将他定位于拉斯维加斯。

伊比芙尼旅馆提供的折扣部分由自己支付，部分由大会推销商支付，部分由 Biketilla 支付。促销邀请早在展览的前一天就被发送出去了，因为展会是提前预定好的，促销商要提前布置场地。

·在泰德加油站加油

比尔的车上有一个搜索发现加油站的 App——GasFinder，它会不断为车主寻找划算的加油站。GasFinder 会将某一条路上需要加油的汽车汇集起来，反过来再让加油站进行优惠券竞卖（应用化、量化和云化）。让一路上的加油站给一群买家开价，提供团购折扣。GasFinder 会从每一笔交易中提成一部分（众包、云化和量化）。另外，比尔的 AppNanny 管理员 App 上有一条"绿色友好"规定，说：他只能购买至少含有 20% 可再生生物燃料的汽油。尽管吉尔加油站每 3.8 升汽油要便宜 0.15 美元，可是，它的汽油只有 15% 可再生生物燃料，所以，它在反向竞卖中输掉了。

·星巴克咖啡店的折扣

泰德加油站与街对面的星巴克咖啡店结成了"最近市场"。因此，当比尔在泰德加油站加油时，AppNanny 就会通知星巴克咖啡店，于是比尔就成了星巴克咖啡店的潜在消费者（场景化）。然后，星巴克咖啡店会浏览比尔的 AppNanny 资料，知道他喜欢有机食物，而且最近在节食，并十分在意价廉物美和绿色经济。于是，AppNanny 就给比尔发送了最符合他资料的购买方案（场景化）。

比尔购买了咖啡后，泰德加油站会得到 0.25 美元的推荐费（量化和众包）。同时，这一大杯拿铁咖啡的咖啡因含量也被登记在了比尔的个人健康 App 上，成为他健康档案的一部分——在他下一次做健康检查的时候，他的医生和健康保健公司都可以下载这些档案。

另外，由于伊比芙尼旅馆登记了比尔在 AppNanny 上的预期行程，所以作为 AppNanny 支持的"最近市场"，伊比芙尼旅馆会收到泰德加油站和星巴克咖啡店回馈的 0.1 美元的报酬（量化和众包）。

·星期六的早餐

比尔的早餐已经被 AppNanny 自动安排好了，因为 AppNanny 知道汤姆也会来参加展会，而且还知道凯西和杰森都接受了伊比芙尼旅馆给出的同一种推销方案，于是，这一群人很可能会有共同语言（场景化）。伊比芙尼旅馆就用以他们购买早餐中赚的钱，向 Biketilla 自行车店支付了最近报酬（众包和量化）。

·参加展会

伊比芙尼旅馆知道比尔准备去参加展会，所以，在经过 AppNanny 的允许后，自动在比尔的手机上装载了山地自行车展会 App，确保比尔能找到 Biketilla 品牌的展位（应用化）。当比尔走近销售摊位时，促销人员就会接到提示，他会知道比尔是一位预先确定的潜在消费者，而且通过对其 Facebook 和 Twitter 上的数据进行分析，比尔比较倾向于 Savage 250 型号的自行车（场景化）。销售人员预先得到授权，除了伊比芙尼旅馆提供的 50 美元优惠券外，还会向比尔提供特别折扣。此外，销售人员还知道离比尔家最近的 Savage 250 型号自行车专卖店的位置。比尔买了自行车后，展会组织者和伊比芙尼旅馆因为促成了这笔交易，所以会收到一笔最近报酬（众包和云化）。

·Squishy店里的晚餐

Squishy 店里的晚餐是 Biketilla 品牌自行车事先安排和赞助的，Biketilla 这么做是为了增强新消费者的团体意识。伊比芙尼会提供折扣，以确保 Biketilla 的客人都能在伊比芙尼的其中一家餐馆用餐，Biketilla 就向伊比芙尼提供最近报酬，以确保消费者会参加展会（众包和云化）。根据 Biketilla 的安排，有三四个参会的消费者可享受高折扣，作为他们在 Biketilla 的社会化媒体网站和博客积极互动的部分回报（游戏化）。Biketilla 会以现有在线"粉丝"的方式将这些新消费者联系在一起，如此继续强化其品牌和网络社区。

·伊比芙尼App上的付款

当比尔在伊比芙尼 App 上点击"付款"按钮时，就削减了一系列流程，使付款变得天衣无缝。然后，客房服务人员会被告知比尔的房间现在可以打扫了，泊车人员也会接到通知把比尔的车开过来，再接着，他的账户会自动关闭，信用卡也会被扣费。受整个交易过程的影响，一大堆小额交易也会由此产生，其中包括对 AppNanny 的付费，因为正是它精心策划了这一整个事件（场景化、云化和众包）。

情景 2 减肥，用赘肉换收益
2020年1月1日，星期三

塔米今年 24 岁，在《财富》500 强公司担任行政助理。她在 2020 年的新年愿望是减掉约 7 千克体重。她目前算得上很健康了，可是她想在 5 个月内减掉一个尺码，因为她大学最好的朋友在 5 月份要结婚，她要去当伴娘。

于是，塔米在智能手机上下载了一个名叫 Diet Defcon 的节食 App，她填好了 App 上的初始表，输入了当前的体重、目标体重、各种尺寸以及节食开始和结束的日期，等等。然后，她将这个 App 与她的个人健康记录 App 同步，并允许 Diet Defcon 访问她的医疗记录，比如身体质量指数（BMI）。此外，她还允许 Diet Defcon 访问她的 Facebook 和 Twitter 账户，以便该 App 了解她的喜好。接着，Diet Defcon 就为她安排了一个饮食方案。

第二天早上，智能手机上的闹钟 6 点半就将塔米叫醒，醒来后，她可以选择慢跑 1.5 千米或徒步 5 千米。积极性十足的塔米决定慢跑 1.5 千米。Diet Defcon 为她安排了附近的跑步路程。塔米打开手机里的音乐播放器，耳畔随即响起了她最喜欢的动感十足的歌曲，她伴随着歌曲的节奏一路向前。因为有一段时间没跑步了，所以差不多跑了 3/4 路程她就累了。这时，她的手机就开始用音乐为她鼓劲，鼓励她跑完一天所需的路程，并且提醒她，还有 99 天就是好朋友结婚的日子了。

待塔米回到住处后，Diet Defcon 就建议她吃一顿低脂早餐，并按照拟好的菜单，记录下她的卡路里摄入量。早餐后，塔米洗了个澡，准备去上班。同时，她还在 Facebook 上发帖子说，自己到目前为止正严格地执行着节食方案。

晚些时候，Diet Defcon 提醒塔米，35 位朋友已经同意赞助她节食——她每减掉 0.5 千克，他们每人就会赞助 1 美元。再后来，她收到了 Diet Defcon 发来的购物清单，其中包括一些提供高折扣的优惠券，而且这些优惠券上都是 Diet Defcon 希望她买的食物。下班后，塔米来到商店，选好食物，然后回到家里。

第二天早上，塔米踩到秤上，发现自己的体重没有出现任何变化。Diet Defcon 记录下了她的体重，让她选择慢跑 2 千米或徒步 6 千米。塔米的积极性仍然不减，她仍决定跑步，这一次她选择了 Diet Defcon 推荐的另一条路线。第一周的过程就是这样，塔米也看到了自己一点一点的进步，据 Diet Defcon 的记录，她已经减掉了 1 千克体重。

第二周快结束时，塔米已经减掉了 2 千克体重，也就是说，她已经从朋友们和家人那里得到了 140 美元，另外还在最喜欢的商店那里节约了 140 美元，在当地的小卖部那节省了 20 美元，在当地体育用品店里节省了 20 美元。塔米于是自我寻思道："节食还真赚钱呢！"

一个月过去后，塔米和朋友克莱尔，也就是那位即将结婚的朋友见了面，她们一起去试婚纱。这时的塔米已经能轻易穿上 L 码的裙子了，可她还想穿更瘦一点的。于是，她在 Diet Defcon 上做了关于裙子和尺寸的记号。几分钟后，塔米就收到了她试穿婚纱店的挑战，如果到 3 月底，她再减掉 5 千克，那么婚纱店就将给她的伴娘礼服打二五折。

到了 3 月中旬，塔米每天早上都要跑 5 千米，而且她已经成功减掉了 3.5 千克体重，她的饮食也变得更加健康，自我感觉也更好了。另外，她的医生还给她写了一封鼓励信，她还收到了健康保险公司 70 美元的退款，而朋友和赞助公司为她赞助的钱也增加到了 400 美元！Diet Defcon 还让她参加"大减肥家"比赛（biggest loser）——参赛者都是与她有类似健康档案和目标的人。目前，她在 200 名竞争者中位列第 14 位。她希望再提升名次，因为每位参赛者会给本场赢家 1 美元。这样一来，她被赞助的钱很容易将会增至 1 000 美元！

到了 4 月 15 日，也就是目标日期，塔米突破了减重 7 千克的目标，减掉了 9 千克。她的 M 码伴娘礼服成功得到了折扣；此外，她还赚取了 300 美元的食物折扣，从朋友及赞助公司那里得到了赞助 600 美元。她在 Diet Defcon 中的比赛上也得到了第 3 名——得到了 310 多美元的奖励。Diet Defcon 的网站上登着她的照片和档案，此外，她还收到了一家体育用品公司赠送的跑鞋。

<h2 style="text-align:center">| 幕　后 |</h2>

在这个情境中，塔米要为了朋友的婚礼瘦身，于是努力寻求帮助、指导和鼓励。然而，通过下载 Diet Defcon 这个 App，她在减肥过程中得到的就不只是这些了。就让我们来看看是什么在鼓励和帮助塔米完成重要的生活事件吧！

· 战备状态：商业模式

Diet Defcon 的商业模式是：就像一个生活事件的中心，通过促销、游戏化和物质及非物质奖励，帮助某一位消费者完成某一个生活事件。节食"战备状态"通过为其他公司发展新消费者，或提前让这些公司将消费者锁定为特定促销活动的潜在消费者而赚钱。Diet Defcon 让消费者在购买所需产品（比如低热量食物、健身器材和励志音乐）时享受特别的折扣，它也能从中赚取提成（场景化和众包）。Diet Defcon 还为了安排反向优惠券竞卖而将消费者聚集在一起，并通过这种竞卖为消费者赢得额外的折扣（云化与众包）。最后，Diet Defcon 还会与大型健康保险公司建立联系，为参加其减肥活动的消费者争取健康保险的折扣（场景化）。

· 用Diet Defcon开始节食计划

Diet Defcon 因寻求且得到了用户的允许，所以才可以访问消费者的某些个人健康信息。这是一种加入请求，因为大多数人会为了得到 Diet Defcon 提供的回报，自愿上传自己的数据。一旦被允许访问，Diet Defcon 就会从用户由政府管理的健康档案中下载相关数据，其中包括历史体重数据、身体质量指数、血压、血糖水平和胆固醇水平，以为用户制订健康的减肥计划。此外，Diet Defcon 还会通知参与该计划的用户的医生，以确保用户健康地执行该计划（场景化）。

· 跑步路线

Diet Defcon 通过塔米的智能手机掌握了她的位置，能为她制定一条锻炼的路线，好让她尽可能安全地跑完目标距离（场景化）。在塔米锻炼的时候，Diet Defcon 记录下了塔米的节奏，还偶尔改变路线，让她不至于厌烦。一旦她选择了 Diet Defcon 为她制定的路线，Diet Defcon 还会安排其他人和她一起跑步，而且还设定好了她们相遇的时间和地点。

· 锻炼的进行列表

一旦 Diet Defcon 的 App 被安装在了塔米的手机中，它就会开始浏览手机里的音乐。这样，Diet Defcon 就会知道塔米对音乐的喜好，并为她选择了手机里已有的快节奏歌曲，因为这是锻炼时的好选择。另外，Diet Defcon 还会根据塔米的喜好，向她推荐更多歌曲（场景化和物联网化）。在锻炼的时候，让她听一些 Diet Defcon 推荐的歌曲的片段，如果她听到喜欢的，便可以以折扣价购买。

· 朋友和家人的赞助

Diet Defcon 通过塔米的 Facebook 和 Twitter 账户，告诉她的朋友和家人，她正在节食，并寻求大家的支持（社交化和场景化）。此外，Diet Defcon 还让观众为塔米的目标埋单：埋单可以是金钱的，也可以是非金钱的，比如带她去看电影或吃饭（众包）。由于塔米智能手机上的 Diet Defcon App 与家里的体重计实现了蓝牙同步，所以这些赞助商随时都能了解到塔米的最新目标进程。

·用Diet Defcon来购物

　　Diet Defcon 利用塔米的体重目标和健康档案信息，为她制定了一个每日菜单（物联网化和应用化）。经过她的同意，Diet Defcon 便开始与生产所荐食物的公司接触，获得一堆优惠券和大量的折扣（云化和众包）。有了这些优惠券，塔米便能轻松地享受推荐的食物，而 Diet Defcon 也给参与商带来了直接的利润。

·企业赞助

　　提供折扣的公司还能为塔米生活中的需求提供资金赞助。有的公司会选择按她减掉的重量支付现金；一些公司则会选择对塔米减肥需要的东西，比如新衣服和健身器材，提供进一步的折扣（场景化和社会化）；还有一些公司会选择在她减肥过程中提供奖励，比如为她的飞行计划提供里程奖金。所有这些奖励将会被监控和持续更新，这样一来，塔米的努力也就会产生积极的反馈。

·伴娘礼服折扣

　　婚纱店提供的折扣源于 Diet Defcon 发起的反向竞卖（众包）。因为塔米的节食计划与其好朋友的婚礼（塔米在日历、Facebook 和 Twitter 的帖子上都提到过婚礼）息息相关，所以 Diet Defcon 会通知婚纱店，为他们提供机会。最后，Diet Defcon 在塔米和好朋友购买婚纱之前就为塔米得到了赞助折扣（社会化、场景化和众包）。一旦竞卖结束，Diet Defcon 就会引导塔米来到提供最高折扣的店铺。

·最大的减肥赢家

Diet Defcon 通过将有着相似健康档案和减肥目标的人分团组队，使节食过程游戏化。然后，Diet Defcon 会再让这些人一起比赛（游戏化）——十几个甚至几百个人参加比赛，看谁在规定的时间内能减掉最多体重。同时，还会有一两家赞助公司为他们提供赞助，比如健身器材公司、品牌服装店以及其他可通过赞助获利的公司。

情景3 一个准备期中考试学生的在线学习与谋生轨迹
2020年3月12日，星期四

胡安一觉醒来就迅速登录了 Gmail 邮箱账号。他昨天已经将考卷交给了赛义德老师，现在正期待自己的成绩。赛义德是胡安请的应用统计课家教，这门课程是胡安取得利兹大学数据科学学士学位的终极课程。他从这一夜收到的几百封邮件中筛选了一阵，发现并没有赛义德老师发送的邮件，于是他洗了澡，去街上的 IHOP 连锁餐厅匆匆吃了一顿早餐。又是一个大晴天，胡安一路悠闲地走到了"办公室"，这个"办公室"就在他最喜欢的餐馆里。

点餐后，胡安打开了平板电脑，登录了 QuantCorner App。QuantCorner 向胡安发送了 15 项与他的知识和兴趣相符的新任务。胡安在吃煎蛋卷时查看了每一项任务说明。他还特别读了一遍来自一家巴西连锁餐厅的数据建模任务的说明，这家公司计划新开十几家餐厅，正在巴西的主要城市中寻找最佳位置。

胡安查看了该公司提供的样本数据，然后草拟了一些想法，描述了他要建立怎样的模型，以进行灵敏度分析并估计建模所需的时间，而且他还要考虑自己在接下来两周后要参加的期中考试。胡安估计自己在期中考试结束后能花 20 个小时完成建模。于是，他给该连锁餐厅公司发了报价，希望其能在接下来的一两天内与他签约。

一顿早餐下来，胡安完成了 5 项竞标。然后，他收拾好东西，回到家里，为即将到来的考试做准备。在回家的路上，他收到了赛义德老师回复的邮件。胡安打开 iGlasses 智能眼镜上的视频文件，听着赛义德老师对他前一天考试的评价。胡安忽略了数据中的几个细微差别，老师希望他能找出来，还给他提供了另外的指示，教他如何在即将到来的期中考试中提高成绩。胡安登录了他的结账系统 Cashbot 的账户，支付了赛义德老师的家教费。

一回到家，胡安就打开了 HelpMarket App，开始寻找技术帮助工作。最后，他找到了一个：某位用户无法通过云服务将他的 iGlasses 和 iPad10 同步；胡安几分钟就能将问题处理好。于是，胡安制作了一个短视频，描述了同步过程，然后将视频传到了网上。

提问者按照胡安的指示，大约 15 分钟后，他就给胡安的教学视频打了五星评价。晚些时候，胡安查看他的 Cashbot 账户，发现自己收到了苹果公司汇过来的 5 美元，作为帮助视频的回报。接下来的一年，他又凭借这个视频从使用过视频的人那里赚到了 300 美元。

胡安又花了两个小时在 HelpMarket App 上，回答了一系列用户关于技术产品的问题，他对这些问题再熟悉不过了。学期末，他再次查看了 Cashbot 账户，很高兴地发现自己赚到了 2 000 多美元和 10 000 多分。

HelpMarket App 上个人支付分的钱款非常少，可是到目前为止，胡安已经有几百个帖子了——每个帖子赚一点，便能积少成多。

最终，胡安赚的钱已经足够支付他的在线 MBA 学校第一学期的学费了。在线 MBA 学校是由印度管理学院开设的。赛义德老师正劝说胡安回到他的母校——拉哈尔管理科学大学，可他们的在线课程不如印度管理学院的在线课程，尽管赛义德老师的老板给他提供了实习机会，胡安还是更希望去巴基斯坦待两年，学习现场课程。

一天的工作后，胡安匆匆戴上了 iGlasses 眼镜，启动了 audible.com App，以收听老师布置的家庭作业。后来，他来到当地高中旁边的滑板公园玩了近一个小时的滑板，以释放压力，然后好好学习。接下来，他要赶在晚餐前开始进行分析巴西国情的学习。

又是充实的一天。

|幕 后|

在这个场景中，胡安成了 2020 年一个典型的、移动的、数字化的公民。他通过在线学习取得学位，同时以积累微额收入为生。我们来看他是如何利用社交化维持生活的。

· 在线教育

胡安想获得一所位于千里之外的南加州知名大学的学位。到 2020 年，**随着各大学向社交化和云化开放，同时面向更多大众招生，这样的远距离学习将成为这个世界的常态。**事实上，在我写这本书的时候，我已经完成了 4 年的法律在线学习；而且，这是我目前第二个在线学位课程。

尽管教育方式这种史诗般的变化可能会招致一些反对，但这种变化是不可避免的，因为越来越多的人已将教育作为达到中级城市化和全球化的首要工具。每一个国家的尖子生都能参与竞争全球最好的工作，然而，只有西方的普通学生才会发现，在自己的国家稳坐最好工作席位的状况会变得越来越艰难。可见，全球化将无情地均化世界的人力资源市场。

这对那些人才匮乏领域的影响最为深远，比如数据科学。我们对虚拟教育的需求会变得更大，要将虚拟教育作为一种手段，尽快满足那些未得到满足的市场需求。随着优等生之间的竞争全球化，那些拒绝接受这一变化的大学将在教育市场中处于劣势。胡安愿意去读远在地球另一端的英国利兹大学就说明了这一点。

最后，胡安是 2020 年的一个"典型学生"，因为他是一个全日制学生，同时，他也一边工作一边学习。为了取得更多学位，4~10 年的时间不上班，对于大对数人来说，这个代价太大了。于是，越来越多的学生会选择边学习边工作。这同样适用于老员工，为了适应变幻莫测的工作市场，他们一生中也会接受一两次再教育。

· Quant Corner

在这个故事里，Quant Corner 代表着一个在 2020 年十分常见的网络社区。在这个社区里，有着相同兴趣和背景的人们可以相互交流，并会形成一个可给潜在消费者提供商品和服务的市场（社交化、云化和众包）。Quant Corner 创造了一个市场，在这个市场中，那些需要数据分析师帮助的公司可以将工作任务上传到网站上，而数据分析师们就会来竞争这些工作（云化、众包和游戏化）。这些市场在 Craigslist 和 eBay 中很常见。在这些市场中，公司可将特定的工作模块外包给资源丰富的全球市场。

Quant Corner 还可以被看作一种货币化了的 LinkedIn——人们会将自己的专业知识和工作能力上传到其中，这样公司就可以从这个反向竞争的市场中筛选出符合特定项目需求的人力资源（游戏化、众包和云化）。像所有此类市场一样，Quant Corner 是被游戏化了的，所以胡安这类成员才能凭借自己完成的任务创造得分与保持网络声誉。因此，对他们的需求越大，他们因提供服务收取的费用就会越多。

那些实现了价值链云化的公司将不断利用诸如 Quant Corner 这样的在线社区，以获得稀有和昂贵的资源服务，尤其是那些公司所在地域没有的资源。这里，胡安代表了一种全球化的独立承包商，他们将在全球人力资本市场中占据一大部分高附加值的服务。

· HelpMarket

HelpMarket 和 Quant Corner 有些关联，可 HelpMarket 仅代表工作价值链的低端云化和社交化。人们可以将遇到的问题发到 HelpMarket 上，一般都是有关产品和服务的问题，他们希望这方面的行家能提供有用的回答。如果他们提出的问题与某供应商的产品或服务有特别的关联，那么这个供应商就可以赞助这个问题——如果有人能回答某位消费者提出的问题，那供应商就会向他提供报酬。有人回答了问题，提问者也会给他打分（游戏化和社交化）。提供最佳回答的人，赞助商给的报酬会很高。

因此，HelpMarket 是 YouTube、维基百科和一些在线帮助社区的货币化聚合，这些在线帮助社区往往由一些《财富》1000 强公司管理，比如微软。进入整个互联网用户社区后，赞助公司能接触到大量的场景化专业知识，也就是说，那些以特殊方式使用他们产品和服务的人们，由于掌握了相关经验，所以能够了解这些产品和服务的缺点，也知道该如何改正它们（游戏化、云化、量化和众包）。社区成员通过游戏化，在竞争中胜出，然后提供答案，但是，只有提供最佳答案的人才能获得赞助商提供的资金奖励。

对于那些帮助提供最佳答案的参与者来说，他们提供的答案会持续创造收入。每当他们提供的内容被使用或评分一次，他们就会收到赞助商提供的一小笔报酬。当然，一笔报酬太少，可是时间一长也会积少成多。对于那些在诸如 HelpMarket 等网站上回答了很多问题且得分很高的参与者来说，这些报酬可能会占据他们年收入的一大部分（社交化、云化和众包）。

胡安利用 HelpMarket 增加了网络活动的收入。他小心翼翼地管理和保护着自己的在线等级，因为它们直接影响到了自己的收入；而且，对于他的事业来说，这些得分和他的大学成绩一样重要。胡安每天都要花一两个小时在 HelpMarket 上，他既创造了年收入，也创造了可测量的证据——证明他有能力解决他人提出的问题。

·CashBot和次级市场

CashBot 是胡安最喜欢的在线微经济形式，他的大多数个人资金管理都是在这个 App 上完成的。作为 PayPal 的第二代产品，CashBot 满足了收款和付款流程的自动化。CashBot 的与众不同之处在于，它每一笔交易的成本都非常低，这就鼓励了人们去进行小额交易，而且它的运营总部在第三世界国家，所以它的金融服务监管不算严格，它与世界大多数国家的税务机构也没什么往来。

再者，CashBot 的用户可以用本国货币交易，比如美元、欧元、人民币，也可以用 CashBot 的"分数"进行交易——CashBot 上的分数可作为 CashBot 市场上的中性货币使用。由于 CashBot 中的分数可以在 CashBot

市场中进行商品和服务交易，而不用转换成本地货币，因此政府很难对它们征税。此外，CashBot 还根据本市场内易货交易的种类，不断对分数的价值进行分析。这样就方便了用户记录下他们分数的表观值。通过创造一些趋势，比如我在第 15 章中描述的掘金，CashBot 促进了不受政府控制的零阻力市场的形成。

CashBot 成功的基础在于：参与者的准入门槛低，同时参与过程的透明度高。另外，CashBot 促成的交易也不在各国政府的监管范围内。CashBot 和其他诸如此类的公司一样，想要成为全球化的经济发动机。尽管据估计，CashBot 市场目前只占全球 GDP 的 1%，可是其货币和分数交易量每年都在翻倍。

有了 CashBot 和诸如 Quant Corner、HelpMarket 这样的市场，政府对经济的掌控就会被削弱。这些市场有如水中月、镜中花：它们无处可寻又随处可见，它们支持的市场也是各国政府无法触及的。胡安这一类人不用办理许可证、签证、银行账户，也不用上缴工资税收就可以加入，还能利用这些看业绩说话的、零阻力的劳动市场。Cashbot 虽让政府抓狂，但却非常吸引人，非常流行且有效，所以政府只能眼睁睁地看着经济迁移到了这些社交化的、云化的市场中，而束手无策。

情景 4　纳税申报表自动化之后
2020年2月3日，星期一

道格正走在公司附近的街道上，想选一家最适合吃午餐的餐厅。他的 Galaxy S10 智能眼镜指出了几个地方，最后他选择了角落里的一家老挝餐厅（物联网化和场景化）。他坐下来看菜单的时候，他的智能眼镜收到了一封刚发来的邮件。他如往常一样命令自己的眼镜将邮件归档，等他吃完午餐再看，可这封邮件是美国国税局发来的，而他之前给智能眼镜下的指令是，一旦收到税务资料就立即通知他。所以，这封邮件通过了收件箱过滤器（场景化和物联网化）。

道格打开邮件，他看到了自己的 1040 联邦税收返回表格总结。国税局预先填好了表格，发送给道格检查和确认。道格边吃饭边看税收表格，他发现自己的各种扣除费，包括房贷、硕士课程的学生贷款，甚至预计收入和营业税都被合并在了一起。道格还发现，上面的营业税只包括了在亚马逊、eBay 和 TechGlobe 上购物的税收，却没有包括他购买新车缴的税。

于是，道格马上进入了他的个人账户 App，找到了汽车的税款，并在表格上添上了这一笔（应用化和云化）。接着，他又检查了表上的其他内容，剩下的都没有什么问题了。由于牵涉家庭办公减免额，所以道格申请了 Quicken 的审计援助保险，因此，他按照保险合同的要求，将文档转发给了他的指定会计，并等待她确认（云化、量化和众包）。

第二天，道格收到了会计发来的邮件，她查看了道格发给她的文件，确认无误后又返回给了他。然后，道格确认后将表格发给了国税局。第二天早上，退款就被打到了他之前的支票账户里。他因为提交文件的时间较早而额外获得了 50 美元，又因为以电子形式发送文件而获得了 100 美元，尽管他得到的退款比以前少，可不管怎样，多了两笔额外的现金也很不错。

在填完联邦政府的表格后，道格现在可以开始填州政府的表格了，州政府的报税同样也要通过邮件进行。或许，再过几年，各个州也能跟上时代的步伐提前填好纳税申报表了。相关法律已在两年前被颁布了，可是州政府的系统被黑客入侵，官员们只得在线操作，尽管他们也曾尝试关闭被黑客发现的漏洞，可都无济于事。在快速填完表格中的必填内容后，上面显示，除了被减免的汽车消费税外，道格还欠州政府 500 美元——这笔钱真是来也匆匆，去也匆匆。

| 幕　后 |

这个场景描绘了很长一段时间后才会出现的情形。既为了方便也为了准确，其他国家已经实行提前填好纳税人申报表的方式，比如挪威。纳税人在检查表格的时候，不管是确认还是做一些必要的修改，税款仍然要被缴纳，流程也还是要走完。

美国政府允许电子填档已经有一段时间了，可它尚未实现以收税人的名义提前完成纳税申报表的填写。受大萧条时期财政问题的影响，保护国家税收来源成了美国的一大安全问题。因此，美国政府最终通过了一项税收改革法，将税收征集的流程简单化、自动化。

·电子税收表格

电子缴税的形式并不新鲜，可在这个情景中，新奇之处在于，政府要事先将自己手中掌握的相关数据填上去。其中包括的重要项，比如收入和扣除额，金融机构和当地政府是已经知道的，只需将这些信息以联邦政府规定的形式发送给纳税人就好了。

一旦需要增加什么内容，比如家庭办公扣除额，纳税人就可以将这些加入他的报税中，那么政府就可以记录和保存这些内容，直到情况发生变化。早在 20 世纪 90 年代，这些就已被实现了。可是，政府以拖欠债务的形式来推动使征税流程自动化的改革法案还是要冒一定的风险。

·即时审计

让大多数美国纳税人填写电子表格，国税局的运作成本就会大大减少。如此，该部门可以精简几千名以前负责收税的职员，同时也可以极大地改进审计流程。实际上，未经纳税人编辑的申报表会自动通过审计；超过90%的纳税申报表不需要进行进一步检查（加速和数据化）；那些需要检查的申报表首先要经过几级智能分析，在智能分析的过程中，政府就会看见纳税人这一年的消费习惯，并能立刻清晰地描绘出纳税人当前的经济状况（场景化）。一旦发现新内容，智能审计系统会第一时间发现，然后由电子代理进行即刻处理。

·审计保护

那些以前帮助纳税人填写税收表格的公司要迅速适应征税流程的这一变化，大多数公司都转到了审计保险这一块（云化和众包）。由于政府记录个人收入和花销的能力有了极大提高，那些曾希望向政府汇报这些情况的公司在大量审计面前就有可能会倒闭。

·自动化VS人工处理

一旦政府正式批准自动化纳税，那就相当于给金钱加上了时间价值。与此同时，政府也会接受人工缴税形式。如此一来，缴税较早的纳税人就能给予税收抵免，而那些以人工形式纳税的人就得缴大量罚款，而且很有可能会被审查。

·营业税

随着越来越多的消费者转到网上购物，政府将不可避免地开始征收网络企业的营业税。网络零售商对这些税收进行了漫长而艰苦的反抗，可是政府的财政危机使得这种征税不可避免，虽然这些公司筹集好税款并将必要的信息传送给政府并不难。

难就难在要接收来自成千上万个零售商的信息。这些税收规则被确定后，许多消费者转向了海外零售商，他们宁愿不参加美国政府的计划。此外，整个行业很快就形成了这样一种状态消费者可以在该行业中匿名购买，以躲避政府的监视。这样就开始了一个"猫捉老鼠"的游戏，其中涉及政府拼命想插手的数十亿美元的潜在税收。

情景5 一天一苹果（谷歌），不用请医生
2020年7月16日，星期四

经过与丈夫汤姆几个月的努力，萨拉的产科医生告诉她，她已经怀孕8周了。医生问她要不要对胎儿进行全方位的拍摄，或是检测胎儿的基因组。其中拍摄费用包括在保险费里，可是基因组映射则要花费500美元。萨拉认为基因映射图对孩子的将来有用，所以就办了手续。第二周她回到医院，医生将其胎儿的DNA样本送到了实验室以供解码。

两周后，拍摄结果出来了，上面显示胎儿身上并没有发现什么遗传缺陷，这让萨拉松了一口气。女儿雪莉出生后，进行分析的公司Genomisys还帮她保存了基因序列信息和脐带血。另外，如果萨拉允许他们将雪莉的基因信息用于他们正在开发的个体基因数据库，那么这笔保存费还可以打折。一方面，其中的折扣就价值几百美元；另一方面，萨拉也意识到，保留脐带血会对女儿雪莉今后的健康有所帮助，所以她就签了协议。此后几周，她再也没想过这件事。

大约一个月后，萨拉收到了一封由 Genomisys 公司发来的邮件，邮件通知她说，他们对她女儿雪莉的基因做了进一步分析，发现雪莉的基因里有几处具有单核苷酸多态性特征（SNPs）[①]。邮件还说，该公司正在研究这几种特征在一系列疾病中的潜在作用。因为雪莉身上有 SNPs，而且公司已经将雪莉的基因存了档，所以他们要进行与 SNPs 相关的长期研究，而雪莉就是理想的人选。如果萨拉同意女儿雪莉参与研究，那么 Genomisys 公司将负责雪莉保存脐带血的费用，还会为雪莉付 18 岁前的一部分医疗费用。由于医疗成本正在不断增加，萨拉便同意让女儿雪莉参加该项研究。

女儿雪莉出生后，医生收集了她的脐带血，给 Genomisys 公司送去，以便长期保存。萨拉和汤姆一方面处在初为人父母的兴奋中，一方面很高兴与 Genomisys 公司达成了协议。到 2020 年，很显然，源于遗传作图的人类健康管理有了巨大突破，雪莉也因此而受益不少。

雪莉平平安安地度过了童年早期。萨拉和汤姆的智能手机上一直会收到儿科护理通知，通知他们定期为孩子进行身体检查和疫苗接种。他们的手机会自动从医生的日历中寻找方便于他们的空档时间。当他们到达约定地点时，他们的车会通知医院的接待人员，以便医生安排工作，同时缩短病人的等待时间。

到 2020 年，常见的儿童疾病，比如感冒、流感和水痘都能通过唾液监控器检查出来，这种唾液监控器就插在智能手机的耳机插孔里，就像 10 年前的信用卡扫描仪一样。让孩子舔一下一根小的塑料棒，再将塑料棒插入一次性的测量装置中，5 秒钟内就能知道孩子是否生病了。如果出现正信号，那么儿科医生就会收到一封自动发送的邮件，然后，医生还会以邮件形式发

---

① 单核苷酸多态性，主要是指在基因组水平上由单个核苷酸的变异所引起的 DNA 序列多态性。——编者注

回治疗方案，待孩子康复后，再进行后续监控。雪莉和其他孩子一样，也会有擦伤碰伤、发烧等情况，一切都看似正常，直到她10岁生日的那一天。

这时，已经是2030年了，Genomisys公司的基因分析已经发现了重要证据，证明雪莉体内的SNPs与后发性的肾脏疾病有关，这种病的患者在40多岁时会出现肾衰竭。其相关概率能达到50%～80%，可是否有直接关系还有待确认。医生、数据科学家和基因学家正在搜集有关SNPs如何被激活，然后影响肾功能的数据，可是，由于此种疾病是后发性的，所以，他们需要进一步观察体内有SNPs的人的成长过程。于是，他们向雪莉的父母征求意见，希望让雪莉参与研究，并许给他们报酬和额外的保健服务。他们同意了。医生和科学家们想要监测雪莉的血液和尿液中的各种蛋白质含量，还为雪莉写了一本健康日记。另外，他们还给了雪莉一部智能手机，上面装有几种App，这些App可以帮助监测她的活动、饮食和总体健康状况。此外，手机上还装有传感器，只要连接这个传感器，医生就可以监控雪莉唾液中的蛋白质含量；还有一个遥控监视器，以便她上厕所时监控她的尿液。所有这些都不会让雪莉觉得不自然，使用App和传感器已经成了她日常生活中的一部分。

到2050年，雪莉已经30岁了，有明显的信号显示她的肾脏开始出现退化。虽然它们只是失去了1%～2%的功能，可是这个趋势在日常监控中却被清楚地显示了出来。利用目前搜集到的数据，医生们大致了解了疾病发生的机制，并开始采取各种治疗方法，以减缓肾衰竭的进程。

到2065年，医学治疗已经无法阻止雪莉的肾衰竭了。事实上，到50岁，她的肾将会严重受损。

因此，45岁的雪莉决定做换肾手术，她的保险公司进行的生命周期成本分析也支持她的决定。他们抽取了雪莉脐带血里的干细胞，还改变了SNPs 的基因来弥补编码错误。被纠正的细胞又被放回去冷藏以备用。而细胞的残余则被运到了印度的 BioSyn 公司，并放在其生物反应器中，用于生成新的肾脏。

3 个月后，新的肾脏在通过了所有功能监测后，可以移植了。雪莉也住进了纽约的 Gates 纪念医院，她将在那里进行手术。雪莉的医生凯洛格登录到手术模拟器（模拟器就在他位于哥斯达黎加的圣胡安的办公室里），与位于西奈的机器人手术台建立起了数据联系，然后在接下来的 4 小时里，进行了成功的肾移植手术。

几周后，雪莉就康复了，经检测，她的肾脏恢复得十分良好。此外，被改变了的 SNPs 也不会再引起她免疫系统的排异问题了。一个月后，雪莉已经焕然一新，她的余生将再也不用担心肾脏问题了。

| 幕 后 |

在这个情景中，雪莉的父母成了基因体学和数据科学的早期接受者。是他们的先见之明救了雪莉，正因为他们有这种先见之明，雪莉才得以进行早期的诊断和最后的治愈。那么，让我们进一步看看这个故事的背后隐藏着什么。

·自动化安排

如今，对任何拥有智能手机的人来说，美国医疗行业的这一进步都是非常必要的。医疗保健人员面临的最艰巨任务就要数时间安排了，而在有了智能手机提供的自动化日程安排功能后，大多数人就可以放心了。几年内，很可能会有人去简化这一问题，并会出现相应的 App。对于我们大多数人来说，这一天并不遥远（应用化和场景化）。

·基因组映射

基因学远比摩尔定律先进。2009年，个人进行基因组映射的成本超过了50万美元，到2012年，这一价格降到了1万美元以下。几年后，它的价格可能会降到1 000美元以下。然而，映射的价格虽然大幅下降了，可是储存这些映射的价格仍然非常昂贵。

每一个基因组都需要大约3 000兆字节的存储空间，因此，存储数百万人的基因组就需要几个艾字节的存储空间。另外，要对数百万的基因组数据档案进行数据分析，这对于大数据科学家来说可是一大挑战。然而，这一领域肯定会有所创新，因为潜在的利益和利润是无法估量的（数据赋能）。

·疾病诊断

运用基因组分析来诊断疾病，会对我们的健康状况提供很大帮助，因为研究人员仍在探寻DNA的工作原理，以及不同基因是如何在人的一生中体现出来的。尽管科学家们已经意识到了特定的基因组或基因片段（如SNPs）与某种疾病有关，可具体的机制仍难以弄清。通过对拥有SNPs的人进行生物学分析，科学家能进一步了解SNP是如何影响人们的健康的。这样一来，就有必要对个人的健康进行持续的监测，而且这种监测要尽可能地做到自然（场景化和应用化）。

就像如今对糖尿病患者的血糖检测一样，参与研究的人员将会持续记录下身体指标。这些数据会与受试者的遗传特征综合在一起，并与其他受试者进行横向比较，还要作为生物模型，慢慢揭示出人的身体每分每秒是如何运作的。这整个过程需要对大量数据进行搜集与分析，还要将终身研究参与者的日常生活数据化（场景化、应用化和云化）。

·器官制造

在对人类基因组和人体内干细胞的功能有了足够的了解后，很可能，到 21 世纪中叶，器官制造就会变成现实。从目标患者身上提取的干细胞可以用来制造人体器官，这样就能确保新的器官不会被受试者的免疫系统排斥。另外，在知道了患者的基因缺陷可以在发展过程中被纠正过来后，我们就能纠正器官在长期使用过程中的潜在问题。

新器官的制造需要对现有的器官进行映射，以确保新的器官与现有的器官一模一样。这就需要利用核磁共振成像技术或其他成像技术进行反复不断地成像。反过来，这些成像都需要进行分析和保存，好为该情境中描述的流程提供数据。

虽然这好像是好莱坞电影中的情景，不过这里描述的每一项技术和技巧在医药行业中都正在积极地发展，而且这些科学领域也都在迅速发展。我相信，在将来，我们能实现所描述的情境。

湛庐，与思想有关……

如何阅读商业图书

商业图书与其他类型的图书，由于阅读目的和方式的不同，因此有其特定的阅读原则和阅读方法，先从一本书开始尝试，再熟练应用。

阅读原则1 二八原则

对商业图书来说，80%的精华价值可能仅占20%的页码。要根据自己的阅读能力，进行阅读时间的分配。

阅读原则2 集中优势精力原则

在一个特定的时间段内，集中突破20%的精华内容。也可以在一个时间段内，集中攻克一个主题的阅读。

阅读原则3 递进原则

高效率的阅读并不一定要按照页码顺序展开，可以挑选自己感兴趣的部分阅读，再从兴趣点扩展到其他部分。阅读商业图书切忌贪多，从一个小主题开始，先培养自己的阅读能力，了解文字风格、观点阐述以及案例描述的方法，目的在于对方法的掌握，这才是最重要的。

阅读原则4 好为人师原则

在朋友圈中主导、控制话题，引导话题向自己设计的方向去发展，可以让读书收获更加扎实、实用、有效。

阅读方法与阅读习惯的养成

（1）回想。阅读商业图书常常不会一口气读完，第二次拿起书时，至少用15分钟回想上次阅读的内容，不要翻看，实在想不起来再翻看。严格训练自己，一定要回想，坚持50次，会逐渐养成习惯。

（2）做笔记。不要试图让笔记具有很强的逻辑性和系统性，不需要有深刻的见解和思想，只要是文字，就是对大脑的锻炼。在空白处多写多画、随笔、符号、涂色、书签、便签、折页，甚至拆书都可以。

（3）读后感和PPT。坚持写读后感可以大幅度提高阅读能力，做PPT可以提高逻辑分析能力。从写读后感开始，写上5篇以后，再尝试做PPT。连续做上5个PPT，再重复写三次读后感。如此坚持，阅读能力将会大幅度提高。

（4）思想的超越。要养成上述阅读习惯，通常需要6个月的严格训练，至少完成4本书的阅读。你会慢慢发现，自己的思想开始跳脱出来，开始有了超越作者的感觉。比拟作者、超越作者、试图凌驾于作者之上思考问题，是阅读能力提高的必然结果。

好的方法其实很简单，难就难在执行。需要毅力、执著、长期的坚持，从而养成习惯。用心学习，就会得到心的改变、思想的改变。阅读，与思想有关。

[特别感谢：营销及销售行为专家 孙路弘 智慧支持！]

✔ 我们出版的所有图书，封底和前勒口都有"湛庐文化"的标志

并归于两个品牌

✔ 找"小红帽"

为了便于读者在浩如烟海的书架陈列中清楚地找到湛庐，我们在每本图书的封面左上角，以及书脊上部47mm处，以红色作为标记——称之为**"小红帽"**。同时，封面左上角标记**"湛庐文化 Slogan"**，书脊上标记**"湛庐文化 Logo"**，且下方标注图书所属品牌。

湛庐文化主力打造两个品牌：**财富汇**，致力于为商界人士提供国内外优秀的经济管理类图书；**心视界**，旨在通过心理学大师、心灵导师的专业指导为读者提供改善生活和心境的通路。

✔ 阅读的最大成本

读者在选购图书的时候，往往把成本支出的焦点放在书价上，其实不然。

时间才是读者付出的最大阅读成本。

阅读的时间成本=选择花费的时间+阅读花费的时间+误读浪费的时间

湛庐希望成为一个"与思想有关"的组织，成为中国与世界思想交汇的聚集地。通过我们的工作和努力，潜移默化地改变中国人、商业组织的思维方式，与世界先进的理念接轨，帮助国内的企业和经理人，融入世界，这是我们的使命和价值。

我们知道，这项工作就像跑马拉松，是极其漫长和艰苦的。但是我们有决心和毅力去不断推动，在朝着我们目标前进的道路上，所有人都是同行者和推动者。希望更多的专家、学者、读者一起来加入我们的队伍，在当下改变未来。

湛庐文化获奖书目

《大数据时代》

国家图书馆"第九届文津奖"十本获奖图书之一
CCTV"2013中国好书"25本获奖图书之一
《光明日报》2013年度《光明书榜》入选图书
《第一财经日报》2013年第一财经金融价值榜"推荐财经图书奖"
2013年度和讯华文财经图书大奖
2013亚马逊年度图书排行榜经济管理类图书榜首
《中国企业家》年度好书经管类TOP10
《创业家》"5年来最值得创业者读的10本书"
《商学院》"2013经理人阅读趣味年报·科技和社会发展趋势类最受关注图书"
《中国新闻出版报》2013年度好书20本之一
2013百道网·中国好书榜·财经类TOP100榜首
2013蓝狮子·腾讯文学十大最佳商业图书和最受欢迎的数字阅读出版物
2013京东经管图书年度畅销榜上榜图书，综合排名第一，经济类榜榜首

《爱哭鬼小隼》

国家图书馆"第九届文津奖"十本获奖图书之一
《新京报》"2013年度童书"
《中国教育报》"2013年度教师推荐的10大童书"
新阅读研究所"2013年度最佳童书"

《牛奶可乐经济学》

国家图书馆"第四届文津奖"十本获奖图书之一
搜狐、《第一财经日报》2008年十本最佳商业图书

《影响力》（经典版）

《商学院》"2013经理人阅读趣味年报·心理学和行为科学类最受关注图书"
2013亚马逊年度图书分类榜心理励志图书第八名
《财富》鼎力推荐的75本商业必读书之一

《影响力》（教材版）

《创业家》"5年来最值得创业者读的10本书"

《大而不倒》

《金融时报》·高盛2010年度最佳商业图书入选作品
美国《外交政策》杂志评选的全球思想家正在阅读的20本书之一
蓝狮子·新浪2010年度十大最佳商业图书，《智囊悦读》2010年度十大最具价值经管图书

《第一大亨》

普利策传记奖，美国国家图书奖
2013中国好书榜·财经类TOP100

《卡普新生儿安抚法》（最快乐的宝宝1·0~1岁）

2013新浪"养育有道"年度论坛养育类图书推荐奖

《正能量》

《新智囊》2012年经管类十大图书，京东2012好书榜年度新书

《认知盈余》

《商学院》"2013经理人阅读趣味年报·科技和社会发展趋势类最受关注图书"
2011年度和讯华文财经图书大奖

《神话的力量》

《心理月刊》2011年度最佳图书奖

《真实的幸福》

《职场》2010年度最具阅读价值的10本职场书籍

《大数据时代》

◎ 迄今为止全世界最好的一本大数据专著。

◎ 国家图书馆"第九届文津奖"十本获奖图书之一。

《决战大数据》

◎ 继《大数据时代》之后聚焦中国大数据实践的重磅之作。

◎ 大数据实践的先行者，阿里巴巴集团副总裁、数据委员会会长车品觉首部个人专著。

◎ 首次揭开阿里巴巴运营数据的神秘面纱，首度提出"数据化思考"新思维。

《大数据云图》

◎ "大数据商业应用的引路人"大卫·芬雷布倾心力作。

◎ 大数据时代商业应用之作，亚马逊、谷歌、IBM、Facebook、LinkedIn 等超过 100 家大数据公司的商业法则深度解密。

《决胜移动终端》

◎ 美国知名智库移动未来研究院 CEO 查克·马丁最新力作。第一本真正阐释 O2O 概念的移动互联必读之作，是传统企业拥抱移动互联网的经验大典！

◎ 中国移动研究院院长黄晓庆，阿里巴巴集团副总裁车品觉鼎力推荐！

图书在版编目（CIP）数据

数据新常态：如何赢得指数级增长的先机 /（美）苏达克著；余莉译 .
—杭州：浙江人民出版社，2015.3
  ISBN 978-7-213-06532-3

Ⅰ.①数…　Ⅱ.①苏…　②余…　Ⅲ.①企业管理－数据管理
Ⅳ.① F270.7

中国版本图书馆 CIP 数据核字（2015）第 009595 号

上架指导：经济趋势 / 大数据

浙江省版权局
著作权合同登记章
图字:11-2014-237号

数据新常态：如何赢得指数级增长的先机

作　　者：[美]克里斯托弗·苏达克　著
译　　者：余　莉　译
出版发行：浙江人民出版社（杭州体育场路347号　邮编　310006）
　　　　　市场部电话：（0571）85061682　85176516
集团网址：浙江出版联合集团　http://www.zjcb.com
责任编辑：徐江云
责任校对：朱志萍
印　　刷：藁城市京瑞印刷有限公司
开　　本：720 mm × 965 mm 1/16　　　印　张：17
字　　数：18.8 万　　　　　　　　　　插　页：3
版　　次：2015 年 3 月第 1 版　　　　　印　次：2015 年 3 月第 1 次印刷
书　　号：ISBN 978-7-213-06532-3
定　　价：54.90 元